www.ingramcontent.com/pod-product-compliance
Lightning Source LLC
Chambersburg PA
CBHW071741150726
47998CB00005B/1741

رفيف التركي

محامية، روائية وناشطة اجتماعية سورية.

سليلة بيت أدبي عريق، فهي حفيدة أديب حلب الكبير الأستاذ سامي الكيالي صاحب مجلة (الحديث) التي ضمت صفحاتها مقالات وحروف أشهر وأهم كتاب وأدباء العرب في حينها.

مشرفة على موقع محبوبتي حلب.

عمر وحبر هو إصدارها الأول عبر دار نشر (أوستن ماكولي).

الابتعاد عن الوطن كان المحرك الأول للكاتبة التي فاضت مشاعرها فكان الحبر مرآة للحنين.

الإهداء

سألوني أن أكتب إهداءً على الصفحة الأولى لكتابي الذي طال انتظاره! وهل للمرء أن يهدي ما هو ليس في ملكه؟

صحيحٌ أنني أنا التي كتبت الكلمات ووصلتُ الحروف ببعضها ووضعتُ الحركات؛ إلا أنكم أنتم من وضعتم أساساتها في وجداني وحفرتم عميقاً.. وإليكم أنتم أُهدي هذا الكتاب.

والدي الكريم النبيل
الذي اختصر كل الآباء..
والدتي الجوهرة
التي كانت دائماً شلال نساء.. شلال عطاء.

فوزُ عمري وكنز السماء..
زين السنين.. أوكسجينها وشهد عافيتها..
رجل بمرتبة أمير طوّق عمري كله بذراعيه فباركه وجوَّده.. فكان كلما ازداد نبلاً ازددتُ عشقاً.

و أيضاً:

إلى كل الصديقات اللواتي رزقت بهن في أرض الوطن، حملتهن معي أينما حللت، فكانت حياتي الأجمل والأقدس بوجودهن.

وإلى كل الصديقات اللواتي رزقت بهن خلال مشوار مغتربي الطويل المتنوع، فجعلت صداقتهن الغربة وطناً.

إلى كل الأيدي التي صفقت في البدايات، ورسمت قلوباً وزهوراً وطالبت بالمزيد من الكلمات؛ فكان تشجيعها منارة للطريق، يعبّده بحبٍ نحو الخطوة الأقدس، نحو خط النهاية والبداية، نحو الكتاب الأول.

وبعد..

إلى كل الطعنات التي خرجت مني مقتولة ولم تقتلني، بل صقلتني وجوهرت الجوهر؛ فعرَج من بعدها الخنجر المسموم المكسور نصله على عتبات المعدن الأصيل.

إلى الأرض المقدسة التي أورثتني مأزق الشموخ..

وأخيراً إلى روح أخي الحبيب الذي رحل عن هذه الدنيا مبكراً مدركاً بأنها لا تليق بنقائه.. فانفجر برحيله بركان قهري.. وولِدت من بعده كل الكلمات!

رفيف التركي

رفيف التركي

عُمْرٌ وَحِبْرٌ

AUSTIN MACAULEY PUBLISHERS™

LONDON • CAMBRIDGE • NEW YORK • SHARJAH

حقوق النشر © رفيف التركي (2021)

تمتلك رفيف التركي الحق كمؤلفة لهذا العمل، وفقاً للقانون الاتحادي رقم (7) لدولة الإمارات العربية المتحدة، لسنة 2002 م، في شأن حقوق المؤلف والحقوق المجاورة.

جميع الحقوق محفوظة

لا يحق إعادة إنتاج أي جزء من هذا الكتاب، أو تخزينه، أو نقله، أو نسخه بأية وسيلة ممكنة؛ سواء كانت إلكترونية، أو ميكانيكية، أو نسخة تصويرية، أو تسجيلية، أو غير ذلك دون الحصول على إذن مسبق من الناشرين.

أي شخص يرتكب أي فعل غير مصرح به في سياق المذكور أعلاه، قد يكون عرضة للمقاضاة القانونية والمطالبات المدنية بالتعويض عن الأضرار.

الرقم الدولي الموحد للكتاب 9789948452287 (غلاف ورقي)
الرقم الدولي الموحد للكتاب 9789948452270 (كتاب إلكتروني)

رقم الطلب: MC-10-01-5798466
التصنيف العمري: E

تم تصنيف وتحديد الفئة العمرية التي تلائم محتوى الكتب وفقا لنظام التصنيف العمري الصادر عن المجلس الوطني للإعلام.

الطبعة الأولى (2021)
أوستن ماكولي للنشر م. م. ح
مدينة الشارقة للنشر
صندوق بريد [519201]
الشارقة، الإمارات العربية المتحدة
www.austinmacauley.ae
+971 655 95 202

الشكر والتقدير

شكر خاص للصديقات اللواتي كن دافعاً ودعماً حقيقياً ومؤثراً

سكينة قدسي

دانيلا جيبجيان

نور سباعي

رشا كيالي

القسم الأول

وَشْوَشَاتْ

يا لِبُؤس المَرأة

يا لِبُؤس المَرأة

ارتعَبوا مِن خصلة شعرها..

ارتعَشوا مِن فَوح عطرها..

جعلوها يوماً جرماً وآخَر نصراً..

يوماً إيماناً وآخر كفراً..

يوماً طهراً وآخر قهراً..

هي مرةٌ عانِس، وأخرى مطلقة، وثالثة أرملة وتحمل مع سلّم نخاعها كل الآثام..

تجملت!

فكانوا مهمومين بجمالها..

تحرشوا به..

وأصبح هو المسؤول عن كل الذنوب!

وبات كحل العين دستوراً للفتاوى..

ومبسم الثغر معقلاً للخطايا.

والمرأة في الحقيقة كائن مِن نور..

غادر الجنة فلم تغادره!

بهشاشة الفستق.. وبصلابة قشره.. ورائحته الزكية

حلاوتها قدر..

وملوحتها تعدل المزاج..

عاملوها معاملة الفستق!

أنصتوا إلى طقطقات روحها الذائبة تحت ضوء القمر دون أن تتثاءبوا..

لاتبتلعوها بشراهةٍ بدون مقبلات حتى لا تصابوا بعسر هضم..

مؤِّنوها للشتاء حتى تلهث بالدفء لياليكم الباردة..

ولا تقلبوها في صاج التحميص على نار عالية ذات اليمين وذات الشمال؛ حتى لا تحترق هي وتحترقوا معها، وتنطفئ من بعدها كل النيران.

تجاعيد العُمر

كلما تقدمتُ عُمراً..

تقدمت حِبراً..

فلمعَ يقيني..

ونصعَ جبيني..

وأدركتُ بأن العروبة ما كانت إلا عنقاء الزمان..

وبأن الحقيقة باتت بحجم جنحة..

وأن النبل جريمة تحاسب عليها الأوطان..

وبأن الفكر تهمة..

والكلمة سجن وسجان..

وبأن المسافات ليست إلا ثعابين الحياة..

وأن الوداع زلزال مدمر لكل كيان..

وفهمت بأنه حتماً زمن الشياطين..

تلهو وتعربد على مسرح أيامنا العظيم..

إلا أن الملائكة لازالت تمارس بطولاتها..

وتمد برأسها خجولة مِن حين لحين..

فيغرّد البلبل الحزين..

وكأننا بإطلالتها نستلم اعتذاراً موقّعاً من الحياة..

فالحياة أيضاً تعرف كيف تعتذر..

وأحياناً يندى لها الجبين!

وتأكدتُ بأن عينيَّ أشبه بمعجزتين..

لا زالتا تبصران كما الصقر..

والكحل حارسهما..

وهما بالعمى غارقتين.

اعتراف

بيتي حيثُ تكون روحكِ..
فراشي حيثُ يكون جسدكِ..
غِذائي نظراتُ عينيكِ..
وبعض أنفاسك.
شعوراً باليتم..
يحتلني في غيابك
أفسدتِني يا كل النساء..
أصبحتُ موقعاً باسمك!
ولم أعد أصلح لامرأة سواك.

عيد المرأة

لكل امرأةٍ حرصت على تأدية الرسالة التي خلقها الله من أجلها، عابرةً فوق جسور أوجاعها وهدير آلامها بكل أنواع أحذية الصمت.

لكل صرخة آهٍ اختنقت في مخاضها وأبت أن تولد إلا على سجادة صلاتِها وأمام خالقها فقط.. وخالقها فقط.

لكل زوجةٍ قضت سنوات عمرها بنسخةٍ مزورة، وقهراً لم ينتبه أحد لهذا التزوير.

لكل أم لم تتوار لحظة عن العطاء دون أن تكتب على باب روحها عبارة: «في العناية الفائقة».

ولكل ابنةٍ جعلت من أضلاعها أثاثاً ليجلس عليه الجميع وقت تعبهم، دون أن يلحظوا أن هذه الأضلاع تعاني أيضاً من هشاشة العظام، وأنها قد لا تحتمل الثقل بعد اليوم.. وأن الإيمان وحده يجعلها تبدو قوية.

ولكل أختٍ اغتالها غياب أخيها وبقيت تتنفس.

لكل امرأة كانت ولا زالت تمثل صِمَام الأمان الذي يرفض أن ينفجر، رغم كل الألغام المدفونة في طبقات الروح؛ لكي تستمر الحياة، وأملاً في أن تقطف يوماً ما أوركيد عذاباتها.

ولكل امرأة أجرت تحاليلَ طبية لدمها فظهرت كل صورهم بوضوح ونقاء إلا صورتها هي كانت شاحبة منهكة

ولكل امرأة انتظرت دهراً حفل التكريم ولم تتلقَ بطاقة الدعوة حتى اليوم،

أقول:

سنكمل الطريق..

وسنحتفل بالوصول..

سنقص الشريط الحريري يوماً ما..

سيقف الكل احتراماً..

وستنحني جميع القبعات.

مُجتمعٌ أعوَر

يتعاطفُ مجتمعنا الشرقي ذو العين الواحدة مع امرأة عُنِّف جسدها مِن قِبَل زوجها وأُجبِرت على الخروج من منزلها منتصف الليل ظلماً وقسراً وعدواناً وبثياب النوم.. فتثور ثائرة المجتمع الأعور ويبدأ بإطلاق أحكامه وفتاويه..

وفي المقابل لا يدري ذات المجتمع شيئاً عن زوجة أخرى تُعنف روحها ألف مرة في اليوم، بمشرط كلمات مسنون لا يرحم، قد يصل في بعض الأحيان حد القتل دون نقطة دماء، فتنزف روحها حتى الموت ولا تموت، وتبتلع سكاكين القهر بصمت لأجل أسباب كثيرة.

ويظن الجميع بأنها بخير فقط لأن جسدها بخير، لم يُعنف، ولم يُطرد من المنزل كما حدث للمرأة الأخرى التي طُردت منتصف الليل ظلماً وقسراً وعدواناً وبثياب النوم...!

هو مجتمعٌ يقدس الجسد بكل حالاته ويرى من خلاله ومن خلاله فقط وفي جل الأحوال.

ويعتقد بكل سطحية بأنه طالما كان الجسد بخير دون كدمات وندوب؛ فإن الروح هي الأخرى بخير دون كدمات وندوب، وكذلك يكون العقل.

مجتمع أحمق.. قاتل.. لا يدري شيئاً عن تقيّح الروح وصدأ العقل.

الذاكرة

ذلك الوحش القابع داخلنا.. مجبولٌ مِن نور تارة وتارة مِن نار..

لمَ لَمْ تكن ذاكرتنا من تيفال لا يعلق على جدرانِها شيءٌ من خربشات الماضي؟

لمَ تسكن داخلنا بهيئة وحش يُشبه أي وحش آخر بمخالب وأنياب، أبشع خصاله أنه يتنقل كما يحلو له دون إذن أو تأشيرة أو حتى جواز سفر...؟

وأفضل أماكن استجمامه في غياهب أرواحنا، يرتبط بصورة أو بأخرى بالمعدة وأصناف الطعام!

نحنُ شعبٌ يعاني مِن متلازمة الحنين مروراً بعُصارات المعدة وحليمات التّذوق ومدرجات النكهات.. فإذا ما هاجم الماضي الحاضر متسلحاً بالوجوه الحبيبة والضحكات والأصوات الغالية بغتة..

ترتجف الأصابع وهي تفرّط حبّات الرمّان..

تتعثّر الرؤيا..

وبدلاً من أن ينتشي الرمّان منتعشاً بماء الزهر الأصيل في الطبق البوهيمي الجميل..

يختنق الرمان.

أُمِّي

تأتي زائرتي الأقدس برتبة أم بكل النجوم على كتفيها..

تأتي حاملةً أشياء وأشياء..

وحزناً وكبرياء.

تأتي بكل نكهة كنت قد عشقتها..

وبكل رائحة كنت قد أدمنتها..

من وطن ابتعد عني سبع سنين..

ولم يبتعد!

من وطن اغتال من عمري سبع سنين..

ولم يكترث!

تحمل معها كل الأشياء..

وتحمل أيضاً حزنها والكبرياء..

كبرياؤها اعتدته..

بات يجري في عروقي..

كم يغنيني ذاك الكبرياء..

أسكن إليه..

وأسعد بكل ما أحضرت من أشياء..

أما الحزن!

أما الحزن!

فلهُ عندي ألف هجاءٍ وهجاء!

يقتلني حزنها..

يحضر دائماً معها متخفياً؛

بأوركسترا كاملة، وبكل العازفين وجميع آلات البكاء..

وتخور أمامه كل قواي..

وكل عضلات الذكاء..

وتتعب مني الكلمات..

وتلهث تعابير الدهاء.

أي الفساتين أجمل؟ وماذا سأرتدي اليوم؟

تحب هي أسئلة الفساتين وجو الفرح والرخاء..

ماذا سنقدم للضيوف يوم دعوة العشاء؟

أي ورود؟ وأي مفارش؟

تحب هي استقبال الضيوف وتفاصيل دعوات العشاء..

تشبهك الصغيرة وتضحك مثلك على ذات الأشياء..

تحب هي صغاري وتقدس منهم حتى الهواء.

سهرتنا اليوم جميلة ستسعدين بها..

تحب هي السهرات وأجواء الطرب والغناء...

جربنا كل أطايب الطعام ولازالت نكهاتك الأقدس.. حضِّري اليوم لنا أنتِ الغذاء..

تختال هي بأطباقها ويسعد قلبها هذا الثناء.

لنشرب فنجان قهوة على شرفة البحر..

تحب هي البحر وأمواجه فيغلبها البكاء..

هكذا نقضي أيامنا أنا وحزنها..

نلعب كل يوم لعبة البقاء للأقوى.

أمقته.. وأعد له كل العدة.. وأطارده.

وأعود كل ليلة لأجده ينتظرني عند باب غرفتها.. مقهقهاً.. غير مكترث بكل هذا العناء.

فأوقن قسراً بأنه أكبر مني ومنها، ومن كل الألاعيب والحيل وجميل الأوقات وتعابير الدهاء...

أوقن قسراً بأنه يسكن نهايات أعصابها المبتورة الحزينة كداءٍ بلا دواء..

أوقن قسراً بأنني بالبحث الدائم عن سعادتها المرجوة أشابه تماماً من يطلب الغيث عبثاً.. خلسة.. وبدون إذن من السماء.

حُزني

الحُزن المستتر خلف بريق العينين.. الآلام.. ندوب الجروح.. المطبات والانحناءات.. كلها اعتادت أن ترافقني في كل رحلاتي.. أو على أقل تقديرٍ تلحق بي على أول نسمة هواء تداهم وجنتي بعد استلام مفاتيح الغُرَف.

اعتادت أحزاني أن تحجز مقعدها على الدرجة الأولى ولا ترضى – لعلو قدرها – بأقل من ذلك. لكنها هذه المرة تعثرت في الوصول، مع أنني تركت لها كل عناويني... لكنها هذه المرة ضلَّت الطريق، مع أنني شرحت لها كل تفاصيله.

انتابت القشعريرة كل الأحزان؛ فتوقف قلبها عن الخفقان لوهلة، ووُضِعَتْ على جهاز الإنعاش بسبب دفء المكان وكشمير الصحبة الأصيل الذي لف أرق الأرواح.. حتى فارق التوقيت اللعين الذي يفصل روحي عني، والذي يُجهِض ساعات عُمري خجلًا من الظهور أمامي كعادته كل صباح، بربطة عنقه وبكامل جماله وأناقته.. حتى ذلك الصداع البريء اختفى.. هرول هارباً مذعوراً وسط سيمفونية الضحكات ومعلقات الكلمات.

عاد الزمن عشرين سنة، أو ثلاثين، لا أعلم...! عادت رنات الضحكات بأجراسها القديمة، واشتعلت العيون بذاك البريق المنسي الذي كاد أن يحتضر، وتنفَّست العروق الصعداء.

صغيراتنا كن تلتففنَ حولنا كصغار الملائكة، تلتقط راداراتهن بعيون ملؤها الحب كل الإشارات العفوية.. تتساءلن في دهشة أين ذهب كل الوقار وكل الحسابات والفلسفات!

تلملمنَ ما وقع على الأرض من حب وشغف وذكريات، لتنسجن منها بساطاً عريقاً آخر لكن بنسخة محدثة، فتتكئ عليه أيامهن القادمات.

كل الأماكن التي جمعتنا ورصدت أنفاسنا باتت أكثر رونقاً، حتى المقاعد التي جلسنا عليها باتت أكثر راحة.. كل الأسماء التي احتوتنا باتت أكثر رقياً.. وسنبقى دائماً نبحث عن فروع لها.

هكذا نحن..

وهكذا سنبقى..

ودوناً عن كل العالم سنورث أبناءنا أوطاناً في كل مكان يتواجد لنا فيه فرع من الشجرة القديمة العريقة..

هكذا نحن..

وهكذا سنبقى..

ودوناً عن كل العالم سنورث أبناءنا أرواحاً كريمة بدلاً من الأحجار الكريمة.

عَن الجمال!

عندما يكون الجمال مؤدباً.. بالغ التهذيب كخيلٍ أصيل.. تربَّى على يد كهنة الأصول في بيت عريق.. لا سوقياً مفترساً مفترشاً قارعة طريق.. يفرض إتاواته كعربيد!

عندما يكون الجمال رصيناً كنبيلٍ بشعر مستعار هارب من مجلس للشيوخ.. واثق من ملامحه دون أن يتبع كتيباً للتعليمات.. لا تافهاً مجلجلة ضحكته رغم كل الإحداثيات.. ولا تلعثمه الإطراءات.

عندما يكون الجمال صامتاً كراهب يتوسد قمم جبال الألب.. يدير كل الحواس خلسة دون أن يدير الرؤوس.. لا صارخاً ينادي بأعلى صوته كذئب مسعور ولا من مجيب عندما يكون الجمال مميزاً.. ذكياً.. تناظر ملامحه فتجدها مختلفة كغيمة تمشي فوق كل الملامح.. لا مشهوراً ممهوراً كطابع بريد في كشك وضيع رشى الرصيف أمام أو خلف دائرة حكومية.

عندما يكون الجمال أبياً.. عزيزاً.. كرجل شهم كادت خصاله أن تنقرض.. لا محدث نعمة يلوح بمفاتنه كلما استطاع ظناً منه بأن لا أحد يراه.. وأنه أذكى من أن تفك شيفرته.

وعندما يكون الجمال...

تحاليل

نتيجة التحاليل وجوهٌ موشومة على سطح كرياتي حمراء وبيضاء..

نتيجة التحاليل أشواق ثلاثية متراكمة لا شحومٌ ثلاثية..

لا كوليسترول في الدم، إنما هي مدن شامخة بغصات انتظار وآرائك موحشة..

لا سُكَّر في الدم، إنما هي سكاكين مغروسة على بوابات الروح نصلها بات صديقاً

وشفيعاً دون حتى آه..

نتيجة التحاليل تُخمة عز وملامح مشغولة بمبضع مقدس نصله لامع كخنجر

عتيق..

نتيجة التحاليل منقسمة نصفين: نصفٌ أرهقه جبروت امرأة، ونصف آخر

يمسح آثار الكحل عن الوسادة، ويتمتم بثبات: «صباح الخير».

قنطارُ حُزن

مَن قال بأن الحزن يأتي بحجم واحد بدون أوزان وقياسات؟!
هو الآخر له درجات ومقامات..

بعضه يسير..
قد يخرج لنزهة..
ليتنفس الهواء؛ فيكون على شكل حروف وكلمات.
وبعضه الآخر صعبٌ عسير..
مشلول لا يقبل بالخروج ولا يقوى عليه..
فيبقى قابعًا في ظلام الشرايين الضيقة.
لا يمكنك أن تقنعه بأي نزهة، ولا حتى على كرسي بعجلات.

عشق أسود

ليذهبَ كلُّ قاضٍ يحكُم بِبُعدي عنكَ..

إلى الجحيم.

وليذهب كل منطقٍ يؤيّد بعدي عنك..

إلى الجحيم.

قُضاةٌ أشبهُ بالقتلة والمجرمين..

ومنطقٌ يشابهُ وساوس الشياطين..

أنا في غيابكَ مُبعثرةٌ.. أقتاتُ الحنين..

ملامحي مُبعثرة.. وأنفاسي مُبعثرة..

أنا لست أنا..

وأحياناً لا أعرفني..

حتى الأكسجين يتعثَّر في الوصول إلى رئتيّ..

فَيَصِلُ لاهِثاً..

والضوءُ ذاته يتكئ على عُكازٍ للوصول إلى عيني..

فَيَصِلُ شاحِباً..

لَيلي بلا نوتات أنفاسك.. شحيح.. طويل..

عجوزٌ بتجاعيد.. وبلا نجمات..

ونهاري بلا دندنات صوتك.. لَندَنيٌّ.. كئيب

تغيب شمسه.. وتكثُرُ الغيمات..

كل فصولي متشابهة..

كل ملابسي مُستَنْسخة..

كل نكهاتي منتهية الصلاحية..

حتى فنجان قهوتي، رغم جَوْدة البُن، وفخامة الفنجان..

غدا بارداً.. مملاً.. كالعلقم..

كموجٍ بلا شُطآن..

أنا ما كنت مقامرةً يوماً..

ولا أحب القِمار..

وأعلم جيداً أنني مهما كسبت ببعدنا..

ومهما كانت فاتورة الفراق مُجزية..

سأكون خاسرة..

خاسرة لمجرد قبولي الجلوس على طاولة قمار..

خاسرة لمجرد قبولي الوقوف في روليت انتظار..

خاسرة لأنني تنازلتُ عن قبلة الصباح ورضيت أن تشرق شمسي يوماً..

وبيني وبينك ألف مدار ومدار.

حرملك

ترددتُ كثيراً قبل كتابة هذا المقال خوفاً من أن يفسَّر بصورةٍ مقلوبة، أو أن يساء فهمه.. ثم اتخذتُ القرار بالخوض في موضوعٍ شائك، مع تحمّل كل تبعاته ومنزلقاته..

موضوع حير الكثير من علماء وكُتاب علم النفس، حول مفاتيح نجاح علاقة المرأة والرجل نجاحاً حقيقياً غير شكلي في مجتمعاتنا الشرقية.

مفاهيم كثيرة تربينا عليها واعتمدناها منارةً ونبراساً في علاقاتنا الزوجية أو الأسرية بدأت تظهر لنا وجهها الآخر وأصبحت تُرسل لنا إشارات حمراء؛ علّنا ننتبه لتبعاتها وأملاً في أن نشذب أطرافها نحو نتائج أفضل. وأول هذه المفاهيم هو مفهوم التضحية.. التضحية الغير مشروطة في سبيل العائلة.

التضحية بكل الجمال والشباب والأحلام الشخصية والطموحات حد الإلغاء التام للكينونة؛ فالتضحية بهذا المعنى الانبطاحي ستنحرف حتماً عن مسارها نحو ضفة سلبية تفقدها محتواها لأسباب كثيرة..

أولها أن المرأة عندما تلغي وجودها بهذه الطريقة ستتوقع من شريكها الرجل أن يشعر بالامتنان على الأكثر، وأن يبادرها بالمثل ويقوم هو الآخر بإلغاء نفسه على الأقل! وهذا لن يحدث أبداً على وجه الخليقة؛ لأنه في جوهره يناقض طبيعة الرجل

المختلفة تماماً عن طبيعة المرأة المتجهة دوماً نحو بوصلة العطاء حد الإلغاء.. فالرجل يحبك أكثر إذا أحببت أنت نفسك أولاً.

أما المفهوم الثاني الذي يستوجب منا إعادة نظر وتدقيق هو مفهوم الرعاية الكاملة الفائضة المتدفقة، بدون أي إشارات للتوقف أو لإبطاء السرعة.

من المؤكد أن الاهتمام بالرجل يمثل إطار فطرة المرأة الأم، ولا يمكنها أبداً القفز فوقه.. لكنها يجب أن تلعب لعبة الاهتمام هذه بذكاء محنك، وأن تحرص على أن تربحها في كل الأشواط، وأن تُبقي مساحة من الحرية في منتصف الطريق، مساحة تختلف أمتارها بين مد وجذر، بين شد وجذب، بين قرب وبعد؛ لأن الرجل بطبيعته يعشق كونه مقيداً دون قيود.. وهنا تكمن المعادلة الصعبة.

أما المفهوم الثالث والأخير فهو حقوق المرأة.. فالرجل رغم تظاهره (في بعض الأحيان) باعتزازه بشرقيته، ومناهضته لمنح المرأة كامل حقوقها واستحقاقاتها، إلا أنه في باطنه لا يستطيع مقاومة سحر امرأة تعتز براية حقوقها وترفعها عالياً فوق رأس الجميع، ولو كانت لا تتعدى حقها في فنجان شاي معطر برفقة كتاب مشوق ولو لمدة ساعة زمنية واحدة.

السحر الكامن في محبة المرأة لذاتها يدغدغ مشاعر الرجل ويقلّبُ عواطفه ويأخذه نحو المكان الذي لطالما أرادته هي له دون جهد أو تعب....

وإذا أضفنا عنصر الغموض إلى ما سبق لاكتملت عملية السحر وحققت أفضل النتائج؛ حيث أن الغموض كان دائماً ضرة الرجل الشريرة؛ فهو يفضّل أن يبحث عنك بدلاً من أن يجدك.. ويفضل أن يشم العطر العالق في وشاحك بدلاً من أن يشم عنقك.. ويفضل أن يسألك عن كلمات السر لحساباتك المصرفية أو البريدية الإلكترونية بدلاً من أن يكون حافظاً لها عن ظهر قلب.

لُعبة المرأة والرجل هي لعبة الوجود.. اللعبة الأزلية التي تكون متشابهة في كل مرة ومع ذلك تبقى مختلفة.

لكل رجل سقف طموح خفي يطمح للوصول إليه مع شريكة عمره.. دعيه دائماً لاهثاً وراء هذا السقف.. بمفاتيح أنثوية مستقلة ذكية؛ حتى تبقى العلاقة متجددة رغم سنينها، وقوية رغم كل هشاشات الأيام وضعضعاتها...

واعلمي عزيزتي حواء أنه في اللحظة التي سيبلغ فيها آدمك السقف؛ سيفقد اهتمامه به على أقرب تقدير، وسيبحث عن سقف آخر يستظل به على أبعد تقدير.

طابو أخضر!

مالك الروح.. مالك!

ولا يختلف عن أي مالكٍ آخر..

لا بد له مِن أن يُظهر صك ملكيته..

ويحمل معه سلسلة مفاتيح الروح التي يمتلكها..

أينما ذهب..

ومهما ابتعد..

ويعلقها على روحه..

لا، بل يعلق روحه عليها!

يدرك ما يسعدها وما يشقيها..

يفخر بكونه حارسها الليلي..

معطفها الشتوي.. وقبعة شمسها..

ويعرف كيف يحميها حتى من روحها!

الأرواح الحرة لا تُمتلك..

لكنها تتسرب منا رغماً عنا..

لمَن بقي عمراً يقسم بأنه جدير بها..

وبأنه يستحق أكثر من نصفها..

لا، بل أكثر من كلها..

بوضع اليد!

بختم الروح.

أرواح

أرواحٌ مهترئة.. هرِمة.. مُنهَكة..

نركب أجزاءها التائهة كل صباح..

بصمغٍ قاربت صلاحيته على الانتهاء..

صمغ فقد قدرته على اللصق والالتصاق..

فقد لونه.. وتمرد على تكوينه الأزلي.

أرواحٌ تبدأ يومها دون أن يكون خط البداية واضحاً..

وتنهي يومها دون أن تصل.

أرواح تدفع بإحدى يديها فواتير الحرب..

وتنزع باليد الأخرى مسامير الذل والقهر من نعش الوطن الممتد فوق جثة العالم.

أرواحٌ تتلصص على ذاكرتها بهدوء ودون ضجيج..

حتى لا تستيقظ سيمفونية الألم الخامدة وتنفجر كبركان مجنون.

أرواح كلما همّت بغسل وجهها تعثرت بوجه الوطن في المرآة..

وشُغلت بتجاعيده عن تجاعيدها.

أرواح بات البكاء مُعيلها وتاج رأسها..

وصك إنسانيتها الوحيد؛

فبالدموع وحدها تتيقن بأنها لا زالت على قيد الحياة..

ولا زالت تحس وتشعر.

أرواح تعاشر كل يوم جثة عجزها..

وتحيا على أمل جمع ثمن تذكرة وجودها..

تذكرة العودة إلى الوطن.

حلم

حاولتُ إيقاظ صغيرتي الكبيرة..

زائرتي المدللة برتبة أم..

فوجدتها تعانق وسادتها ببسمة رضا.

يشع محياها بنورٍ إلهي..

نورٌ جميل أفتقده في أوقات صحوتها.

وعلمتُ أنها بحضرة الغائبين..

وعلمتُ أنها بصحبة الغالين..

قسى عليها زمانها..

وقلدها وسام أم الشهيد غصباً عنها..

فأصبحت أجمل أوقاتها أضغاث أحلام..

أحلام تسعد بها بصحبة الراحلين..

وبصحبة وحيدها الذي كان..

شعَرَت بي.. ففتحت عينين جميلتين ناعستين..

وتشبثت بلحاف حلمها وكأن جسدها الصغير يأبى مغادرة الفراش..

وكأنه يهوى البقاء..

طمعاً في صحبة الأحبة، لا في دفء اللحاف.

قرَّبت لها خُفَّيها.. بابتسامةٍ أوسكارية تفوقت في رسمها..

فَتَمتمتَ: «كنتُ معه.. زارني في المنام.. سعيد هو..

فقد شعر بقدوم ضيف غالٍ عزيز! لكنه يبدو بعيداً..

فالقتلة قد وضعوه في مكان بعيد..

أو أنهم لم يضعوه.. لا أعلم!

رأيتُ الأحبة كلهم يجلسون حول مائدة واحدة كما اعتدنا الجلوس..

ورأيته يناظرهم من مكانه البعيد.

عديني بأنك ستجدين يوماً ما هذا المكان البعيد..

عديني بأنك ستنقليني أينما كنتُ إلى هذا المكان البعيد..

عديني بأنك لن تقبلي إلا بإكمال رسالة برّك حتى الرمق الأخير..

عديني بأنك لن تسمحي للموت بأن يبخل علي بالموت.. بعد أن بخلت

الحياة علي بالحياة.»

رفقاً بي يا أم الشهيد.. رفقاً بي..

رفقاً بالرفيف.

قَسَم

إلى كل أمٍّ أقسمَت على وسادتها بأنها ستعقد في الصباح الباكر مؤتمراً صحفياً تعلن لهم فيه عن استقالتها، تقاعدها، وتنازلها عن كل مستحقاتها.. وستسكن غرفة خشبية أعلى قمة جبل..

ووجدت نفسها في الصباح في مطبخها تقفُ مستعدة لتحضر مائدة الإفطار.

إلى كل أم قررت أن يوم الغد هو يومها.. يومها هي فقط، ستذهب للتسوق وستشتري كل ما ينقصها..

وعادت من رحلة التسوق تحمل أكياساً كثيرة.. أكياساً لهم.. لا تعرف كيف امتلأت بما ينقصهم هم.

إلى كل أم تعهدت بالويل والثبور والحساب العسير.. لتأخير غير مبرر، أو لهاتف مغلق..

فوجدت نفسها عند أول حرف قيل تتمتم بالحمد والشكر وتجود بوصلة حب غارقة بالدموع والقبل.. لا تدري من أين أتتها، وكيف هاجمتها.

إلى كل أم نسيت نكهاتها المفضلة، وأمكنتها المفضلة، وهواياتها المفضلة، ونظمت ساعات يومها على فضلات ساعات يومهم.

وعندما أرادت أن تدلل نفسها، بحثَت عنها فلَم تجِدها، وفي أحسن الأحوال وجدت نفساً أخرى.. غريبة.. تكاد لا تعرفها.

إلى كل أمٍّ انتقلت بين أوجاعهم وهمومهم حافية، بدون كتيب إرشادات، أو خارطة للمنحنيات، أو حتى تنبيهاً للمطبات.. وفي المساء وجدت أقدامها دامية مليئة بالأشواك.. لكنها كانت مُنهَكة.. نامت وهي تنزف ودون أن تجد وقتاً لاقتلاع أشواكها.

إلى كل أم تمتلك كل أنواع أحذية الصمت، وكل درجات ألوانها. تنتعل حزنها كل يوم بعد فنجان قهوة الصباح، وتمشي به أمام الجميع بنسختها المزورة.. يبتسمون لها جميعهم دون أن يكتشف أحدهم هذا التزوير.

إلى كل أم أحبت نفسها كي تحميهم.. وبنت أسوارها كي تحميهم.. وفتشت عن ما يسعدها من أجل أن تسعدهم.

إلى كل أم تنتظر رنين هاتف لن يرن..

وتركض لتفتح باباً لن يُدق..

ولازالت تنتظر الكلمة التي لم تقال..

وإلى كل أم رحلت.. فبقيت.. وأطلت بوجهها الجميل من بوابات كل الشرايين.

إلى المخلوقة الأقدس، والتي ستبقى قائدة للأوركسترا.. بآلات موسيقية.. أو بدون آلات.. بنغمات أو بدون نغمات.

إلى الأم التي أبت إلا أن تكون عودة كلماتي هي باقة وردها.. هي عطر عيدها..

كل عامٍ وأنتِ بألف خير.

وصيّة أُم

اعلمي يا حبيبتي أنكِ جوهرةُ عمرك، وأنكِ مصدر سعادتك، وأنك قلب الحياة.. اعرفي نفسك حق المعرفة، وأحبيها ودلليها وكوني لها حضناً تكن لك حصناً، أنصتي لروحك وعلميها فن الإصغاء غصباً.

واعلمي أيضاً بأن ذاك الزخم الذي كان في كنف والديك هو صيغة منفردة لا يقاربها شيء ولا يدنو من أعتابها شيء، وستبقي طوال العمر تبحثين عن ما يغني روحك كما كانت تفعل دندناتها، ستحاولين بث دفء تلك الدندنات كيفما اتجهتِ وأينما ارتحلتِ مع أحبتك وبين ثنايا أرواحهم.

تأكدي يا حبيبتي بأنهُ عشق جمالك وغنج روحك وبريق عينيك الذكيتين، ووقع في هوى ذلك الكيان الذي كان العالم كله يوماً ما لا يجرؤ على أن يكون هامشاً له؛ فإذا ما استمر في عشق ذات العينين وهما متعبتين وتمدد قلبه منهكاً في حضرة روحك المنهكة عندما تخضرمك الأيام وتعبث بكل ما كان.. عندها يكون جديراً بك مستحقاً شيكات أيام عمرك التي وقعتها له على بياض.

ثقي يا حبيبتي بأن كل النعم التي أغدقها الله عليك ليست إلا عطايا منه سبحانه، هي ليست ملكك بمعنى الملكية الكاملة.. وعليك أن تحسني إدارتها تماماً كما يدير المالك أملاكه، وإلا فقدتها جملة.

جمالك وذكائك وكرمك وصبرك وألملك وقوتك وضعفك وفرحك، وعطاء ذاك البيت النبيل الذي نشأتِ في قلبه فاستوطن قلبك، كلها نعم بحاجة إلى أن تحسني صهرها مجتمعة فتظهر بأقوى صيغة ممكنة في مواجهة الأيام الصعبة.

تذكري دائماً بأنك إذا ابتليت بعدو قزم سيضطرك إلى النزول عن فرسك، ابقي دائماً شامخةً كسماء قاسيون، كباشقٍ لا يعرف جناحاه حرفة إلا الطيران.

احفظي دائماً عن ظهر قلب وصفة الجبروت والحنان، وكوني أنثى برية ميسرة، سهلة مستحيلة كشجرة سنديان..

تأكدي يا حبيبتي بأن الصداقات الحقيقية التي تكون بصك ضمان مدى الحياة مع الالتزام بتبديل قطع الغيار ما اهترأ منها وما صدأ، هي ليست إلا عطراً من عبق الجنة أكرم الله به بعضاً من خلقه؛ فإذا كنت منهم دافعي عن صداقاتك، وتمسكي حتى بذرات الغبار إذا ما تجرأ واعتلا سطح صداقاتك الغبار.

اختاري مثلاً أعلى يليق بك.. بجذورك وامتدادك.. بكل الوصفات السرية السحرية التي ترددت على مسامعك بين جدران البيت النبيل.. مثلاً يستحق أن تستندي عليه حينما يكون الدرب موحشاً، والعتمة تأبى مغادرة الطريق.

لا تنسي أبداً بأن أمنك وأمانك وعزتك وقوتك وتجويد صبرك تكمن في الله.. ضعيه في قلبك وجوبي العالم كله؛ لا خوف عليك حينها..

كوني إنسانة.. والبقية كلها ستأتي..

وأخيراً وليس آخراً..

مهما كتبتُ يا ملاكي لن أرقى إلى نص بحجم وصاياي، بحجم كيانك في كياني..

ولا بحجم صلواتي.

وسيبقى حبي أكبر وأكبر وأكبر...

لا تنسي أبداً بأن ضحكتك عافيتي.. عندما تجود علي العافية..

وبأنك بطلة ذلك الحب الهمجي الفطري الذي أهداني إياه الله مبطناً بالساتان.

وبأنك أنت المنادى والمضاف والفاعل والمفعول لأجله والمستثنى بإلا والعلم والمعرف بأل، وبأني أنا المفعول به!

صدأ الروح

مَتى ستتعافى الروح؟

مَتى ستطيب النفس من أوجاعِها؟

متى سيتوقف هذا السباق المحموم بين ضيق المسامات وضيق الشرايين؟

متى سيعود جلدنا إلى سماكته الطبيعية دون طبقات السليكون المجنونة؟

متى سنعتذر عن قبول المزيد من جوائز الأوسكار للتمثيل لأن أدراج خزائننا امتلأت؟

متى سيعلَن وقف إطلاق النار على أحلامنا الصغيرة الكبيرة؟

متى سنفهم أن إنسانيتنا تمثّل الفاتورة الأصلية لا الإكرامية التي نتركها للساقي؟

متى سيكتفي الحزن منا فينتعل خُفَّيهِ ويرحل؟

متى سيستحي الحنين منا ويتوقف عن فُحشه في ابتزاز أرواحنا؟

متى سيسأم جنرال الحرب دماءَنا ويشبع مِن اغتيالنا؟

متى سنمسح الغبار عن أعيادنا؟

متى سنزيل الصدأ عن أفراحنا المركونة على أعلى الرفوف منذ سنين؟

متى سيتبادل الموت مواقعه مع الحياة؟

متى ستزهر شقوق الجفاف العميقة في صحراء أرواحنا أوركيداً وتتفجر الينابيع؟

مَتى سيجمعنا ذاك الشاطئ البعيد وتغني لنا أمواجه بسهرةٍ حب تليق بهشاشة عظامنا؟

متى سيغدو طعم دمعنا شهياً؟ ويتخلى عن مرارته؟

متى سينتهي حجزنا في فندق الألم ذي الخمس نجوم الذي أرهقتنا فخامته؟

متى ستواصل عقارب الساعة دورانها فترسم ضحكات بدل التجاعيد؟

متى سنغادر وليمة السم هذه؟ وتغادرنا..

متى سيهدأ الإعصار؟

متى؟ ومتى؟ ومتى؟!

سأُبقِي نوافذي مفتوحة هذا العام..

ولن أواربها..

فقد تكون هذه الأحلام الآن على متن إحدى الطائرات..

فقد تكون هذه الأحلام الآن على وشك الوصول.

ذاتَ مساء

أمهاتٌ تقاسمن حلو المساء هرباً من صهيل الحياة، وإذ بهن في أقفاصهن أسيرات..

وغصباً عن المساء الجميل.. لا زلن أمهات!

فهذه تأخرت طوعاً على موعد حلو المساء ترضع صغيرتها..

وتلك تهجر كرسيها في حلو المساء مهرولة خلف طفلها لتلبسه سترة صوفية، ولتبعده عن خطر المياه.

والجدة بدورها تهرول لتلحق بابنتها ترجوها بأن تعود هي لحضن المساء وستتكفل بنفسها وبكل سرور بالحفيدة الجميلة..

ورابعة تقهقه صمامات قلبها فرحاً لقصة ترويها لها مُدرسة صغيرها عن حادثة طريفة للصغير حدثت أثناء يوم دراسي ماطر..

وخامسة تكرر وصفة طعام عليها تحفظها؛ تعتقد جدلاً بأن الأولاد قد يحبونها، بينما تتصل كل برهة على البيت للاطمئنان..

وسادسة اختنقت اللقمة في مكمنها وبات حلاها علقماً بعد أن هاتفتها ابنتها تخبرها بمشاكل زوجية ستمنعها من حضور حلو المساء..

وأخرى تجتهد في تسجيل عناوين وتفاصيل قد تساعد ابنها الشاب في إيجاد فرصة عمل..

وأم تتظاهر بسماع الحديث بينما يلهث قلبها بالدعاء لامتحانٍ بعيد..

وتحمر **خجلاً** تلك التي عرضت عليها صديقتها حمل طرد بما لذ وطاب للطالبة البعيدة؛ فتتمتم بكلمات الشكر بينما يرقص قلبها جذلاً..

وتبقى **تلك** التي يشعلها اللحن فتوزع توابلها المضحكة على الحاضرات بكل الذكاء كخط دفاع أول وحتى لا تُضبط متلبسة بالموت صلاة وشوقاً..

أمهات.. أمهات.. أمهات!

صباحاً.. ظهراً.. عصراً.. وفي حلو المساءات.

أمهات.. أمهات.. أمهات!

رضعاً.. أطفالاً.. شباباً وشابات.. وحتى جدات..

في الصف الأول أو العاشر.. مهندسين.. أطباء أو طبيبات.

أمهات.. أمهات.. أمهات!

قريبون على مرمى حجر.. أو تبعدهم خطوط الطول والعرض وتحتضنهم أبعد القارات....

وغصباً عن المساء الجميل.. لازلن أمهات.

وعلى الطرف الآخر مائدة أخرى بصوت أجش يتقاسم عليها الرجال أيضاً حلو المساء فيعلو ضحكهم قاطعاً الطريق على دخان سيجارهم الفاخر.. منتعلين لحظاتهم بخفة بأحذية لامعة مربوطة جيداً فلا يزعجهم صهيل الحياة ولو لبرهة صغيرة...

ولا يعبثون هم فرضاً أو جدلاً.. طوعاً أو كرهاً أو حتى في غفلة منهم...

بحلو المساء!

تهانينا

ها أنتِ اليوم تصبحين هي..

تصبحين أمك!

بساعتها الواقفة يوم سافرت..

وزجاجة عطرها الفارغة، هديتك يوم عيدها..

وترفها المتعب.

ها أنت تهشّين عن قلبك غبار الذكريات بالصلوات..

منقوعة أنت بشمس الدعوات..

نومك متقطع وبلا وسادات..

يبرد فنجان قهوتك كل صباح..

ورغم صقيعه تتوقين لأول رشفة..

على حافة الشباك.

ها أنت اليوم تصبحين هي..

تصبحين أمك

تصفين الآيات الكريمة روشتات لقضاء الحواجي والمعضلات..

هذه آية للرزق..

وتلك للتوفيق..

وآية المعجزات وصفة سحرية لتعيد الأرواح المنهكة إلى الأوطان.

﴿إِنَّ الَّذِي فَرَضَ عَلَيْكَ الْقُرْآنَ لَرَادُّكَ إِلَى مَعَادٍ﴾

[القصص:85]

هـأنت اليوم تصبحين هي..
تصبحين أمك!
بعاداتٍ لطالما أتعبتك..

ونقاشات بيزنطية اليوم تحتلك..

تطوق خصرك.. وتبعد كل ما عداها..

بطبق تينٍ بارد مقشر أول موسمه..

وفلة في صينية القهوة الفضية صباح الجمعات..

وحزنٍ وقورٍ مَلكي بحراس وسياج..

لا يجرؤ أحدٌ على الاقتراب منه..

و بكل جينات الحكمة والصمت القادر على الآهات..

ها أنت اليوم تصبحين هي..
تصبحين أمك
رائحتكِ كرائحتها..

والخاتم الأزرق يتوسط خرائط الكف العريقة..

والوشاح الحريري مربوط بذات العقدة فوق جيد مرمري عامر بالمحبات..

ومرآتها ذاتها هي هي..
تعكس مرآتك!

تهانينا..

ها أنتِ اليوم تصبحين هي..

تصبحين أمك!

تنحتين الريح.. ولا تنحنين..

مسبحتك هناك في مكان ما..

على يد الكرسي..

وعيناكِ على الهاتف..

تجوّدين الصبر..

وتطرّزين النُّبل..

الكل يحبك..

رغم سواد الزمن وشُح الخفقات..

أينما ذهبت يُحمّص البن الفاخر على شرفك..

عبر البلاد والقارات..

تهانينا!

هأنت اليوم تصبحين هي..

تصبحين أمك.

على مذبح الشوق

أرواحنا المجدولة تتدلى جدائلها الطويلة كجدائل (رابنزل) من شرفات بعيدة على أسطح القارات..

مُغمسة بالشوق صباحاتنا والخبز طازج شهي، وبكل أنواعه كما يكون تماماً خلف زجاج مخبز باريسي شهير في صباح بارد..

فاجراً متمايلاً غانياً يراودك عن كل الحميات.

والليالي منقوعة بالصلوات، والمياه تتنهد رعباً من أن تتحول جزيئاتها في غفلة مِن الوَرع فتصبح خمراً.

والصقيعُ بات عرّاباً لكل المسامات..

وباقي النهار نعلب الحنين غصات ونخزنه كما نخزن مرطبانات مُربى ورد، أو برتقال، أو توت، مصفصفة شهية ملونة على رفوف الروح العالية، مؤونة للشتاء..

ويا لبؤس المرطبانات..

وصدفة مرت أمام عيني نافذتي سيدة استضافته هناك..

فوددت أن أنقضّ عليها كطير كان جارحاً فبات مجروحاً..

كقاطع طريق محترف ملثّم..

وألقي القبض على كل ما جنته السيدة من أنفاس ونظرات وذبذبات.. صوت وضحكات وكلمات..

عندما كانت معه هناك..

بعيداً على شرفة أسطح القارات.

امرأة استثنائية

هو يبحث عَن أنثى بنكهة أُمِّهِ!

بجلال نظرتها القاسية كالماسة التي تتوسط جيدها..

بينما يئن وجعاً دانتيل الحنان الفرنسي الأصيل من بين الغمازتين.. بقنطار تعبٍ على كتفيها.. وضحكة كاذبة مجلجلة تهدهد قلق الوالدين، ترسلها عبر الأثير بهاتف تحمله في كف،

وفي الكف الأخرى ترشرش بفنٍ كمشة صنوبر ذهبية قاتلة الرائحة لتزين بها فتةً صاغتها صياغة ولم تطبخها على نارين.

عطرها خجولٌ يوم اللقاء، وعند الفراق يفوح عبقه عنوة على أسطح القارات.. دمعها كفر.. والكافرون حقت عليهم التوبة وأن يَذبحوا القرابين كفارة للعذابات.

طاعنةً في العطاء هي.. تتقن كتابة كل الأسماء وتخربش اسمها..

حرفتها الأمومة..

وكذلك ماجستيرها، والدكتوراه، وشهادات الخبرة وحسن السلوك والتزكيات.

كلها الأمومة ختمها والتوقيعات..

في حضرة رَجلها تختصر النساء..

وفي غيبته هي كل الرجال.

تجري على الجسور حافية..

ويظن الجميع بحنكتها أنها بكعبٍ عالٍ.

يوماً تكون حاسوباً مُبرمَجاً وكل العقلاء..

وآخر بلا منطق، تؤمن فقط بحدس أنوثة وعبَق إحساسات.

يوماً كبحيرة سويسرية..

وآخر كبركان إيطالي..

قدرتها على البدايات تفوق كل القدرات..

تبدأ متوكلة وإن كانت النهايات لا زالت تؤلمها، يعربد نخزها على جدران روحها.

منقوعة بالوجع..

شامخة كالسنديان..

ترفها ضحكاتهم..

ويوم راحتها بلا فستق.

هو موقنٌ بأنه قد لا يجدها..

فقد همست له الملائكة يوماً بأن الخالق لن يجود بمثلها..

فالكل بعدها اشتكى الاحتراق بين لمعان ذكاء ولمعان حزن في العينين..

الكل هرب خوفاً من الغرق في بحر أنوثة متمردة بلا شاطئ..

الكل بات يبحث عن أنثى بنكهة أُمِّه..

بنظرات جليلة وغمازتين.

هَذِه أَنَا

سنةٌ جديدة بلا تغييرات جذرية في منبتي وأوراقي وزهوري..

لا زلتُ كما أنا، لا أحب النصف بكل صيغه وأزمانه وأحواله..

لا نِصف رجل ولا نِصف أنثى.

لا نصف ذوقٍ ولا نصف كرامة.

لا نصف حِمية ولا نصف نظافة.

لا نصف عقلٍ ولا نصف دين.

لا نصف طُهرٍ ولا نصف قداسة.

ولا زال يستفزني كثيراً ثوب جوخ إنكليزي بكامل شتائه موقّع بحذاء أبيض، أو

آخر مفتوح الفم يظهر أصابع القدمين، مهما رفعت الموضة صوت نعيقها.

كما لا زالت تؤرقني بقسوة قطعة نايلون وُضعت على مائدة طعام بدل مفرش

حب أثقله النشاء، وضعت فقط لِتحمي لا خشب ورد المائدة، وتؤذي مقلتي.

وكذلك يؤذيني بشدة منظر أم تحمل طفلاً صغيراً بأظافر طويلة مدهونة بلون فاقع

ينافس فقاعة عقلها.

لازلت أحب الأشياء الكاملة وأنحني لها بجلال قبعاتي، وأعترف بأن كل محاولاتي

للتطبيع مع الأنصاف والأرباع باءت بالفشل.. لدرجة أنني لا أحترم حتى نصف نفاق!

وأفضله كاملاً بعينين وأذنين وشهادة معتمدة حتى يسهل علي كشفه وفي بدايات الطريق.

لازلت سيدة التفاصيل ولازالت هي سيدتي.. أحتلها فتحتلني.. وتفاجئني في أحيانٍ كثيرة بملفات مطوية في الذاكرة دون ذرة غبار قد تصلح أرشيفاً لهوليوود...

لا تستهويني القفزات السريعة ولا الأكلات السريعة ولا القهوة السريعة الإسبريسو الجاهزة بكبسة زر.

أحب الخطوات الهادئة التي تليق بعراقة الطريق، وأهوى الطعام المطهو على نار خجولة، وأعشق كل ما كان لديه ماض مع النار فكان ناضجاً على مهل.. وهذا ما يفسر سِر جفائي المزمن مع السلطات؛ فكل ما هو سلطة وبكل المعاني والمفاهيم أطباق وأشخاص يجافيني.. سواءً كانت السلطة بصلصة فاخرة أو بدون، سواء كان الشخص ببصمة عين أو بدون.

أما القهوة فأفضلها بدلّة عريقة يعمّرُ فيها البن سنيناً يغلي دون أن يفكر بأن ينسكب، وبجانبها كأس ماء متعرق بماء زهر مدلل، وفنجان عريق اعتاد رشفات صامتة وقورة على صينية معتقة نقَش أطرافها صائغي فضة حَلَبْ.

وكما كنت دائماً لا مانع عندي من القشور إذا كانت الثمرة مليئة، طيبة، مفعمة بالحلاوة لدرجة قد تستحي منها القشور.. وأعلم أيضاً بأن القشور باتت مفيدة في القضاء على السلوليت.

لازالت وسادتي المفضلة منقوش عليها "عسى أن تكرهوا شيئاً وهو خير لكم والله يعلم وأنتم لا تعلمون".. أنام عليها مؤمنة بحروفها.. براحتها.. وبقدرتها...

الكتاب حبيبي ولا أبخل بعملية ليزك وقطرات عين لمدة شهر من طبيب مشهود له تعيد النظر كما كان قبل أن تلتهمه تجارب الكتب ووصاياها.. والكتابة بالنسبة لي فعل بقاء..

لا.. كل من احتال على الطفولة بالطفولة واستغل كل الإنسانيات من أجل أصفار بنكية..

الفراق قاتلي يسلبني كرياتي ببطء..

أومن بأن كل شيء في الحياة مكتوب عليه تاريخ انتهاء الصلاحية إلا قلب أم ممهور بالعطاء...

كما صرت أومن بأن التجاعيد قدرٌ لا يزول حق الانتفاع من وجوده بالكريمات الباهظة.. بل بأيام مسروقة من نخاع الأيام نوقعها بضحكات مجلجلة دون أن يجرؤ ويفتح فمه الوقار.. وأومن أيضاً بأن النبيذ المعتق لازال حلماً للكثيرين بأن يتذوقوا منه مجرد رشفة.. ولازال سريرياً ووظيفياً أغلى الأنواع...

لا أنكر أنني بت أنظر إلى معطف الفرو بخجل.. وأنه ترهقني ملحمة القهر في عيون المسنين والأطفال والمقهورين، وأعتقد بأن قهري هذا على هامش قهرهم هو سبيلي الوحيد إلى الجنة...

كما أتمنى أن يكون زر الحظر فاعلاً في العالم الحقيقي كما الافتراضي...

ولا أرغب يوماً في أن أجبر فأرفع كأسي في صحة اللصوص والشطار والهمج...

ألم أقل بأنه هذه هي أنا كما أنا ولا تغييرات جذرية وهذا في حد ذاته انتصار..

إلا أن الفارق أنني اليوم لدي الوقت لأن أعرف ولو قليلاً عني أنا.. عن خارطتي أنا..

وأعوذ بالله وكما كنت دائماً من كل الأنا!

مواعيد

كُلَّما كانت مواعيدي دقيقةٌ مع الآخرين..

كلّما كنتُ مُتأخرةً على نَفسي.

وتبقى تلكَ النَّفس تُغالب صَبرها..

واقِفةً.. مُتأهّبةً.. تستعجلني القدوم.

تَطْمَع في عقدِ قِراني عليها مِن جديد..

وَتُصدِّقُ كُلَّ مَرَّة وُعودي الكاذِبة.

حقيبةُ سَفَر

كل حقيبة سفرٍ ملونة كذبة..

خدعة بصرية تمويهية لإضفاء جو من البهجة المزيفة على معنى السفر..

فالسفر غالباً مرّ.. قاسٍ..

يبدأ بوداع وينتهي بوداع..

ولا تليق به أبداً الألوان الزاهية.

كفوا عن تجميل وجه السفر القبيح..

اللون الأسود وحده يليق بحقائب السفر.

مِلعقةُ اشتِياقْ

ما زالَ لاقترابِ خُطواتِكَ نفسُ الأَثَر..

وبعد كل هذا العُمْر..

مازِلتَ تختصِر زَماني في لحظةِ عناقْ..

وتُسدِّد بطرفةِ عينٍ كل فواتير الاشتياقْ.

أنا في غيابكَ بردُ شتاءٍ بلا مِعطَف..

ولهيبُ صيفٍ بلا قُبَّعَة..

أنا في غيابكَ ساعةٌ ذهبيَّةٌ بلا مِعصَم..

وقصةُ عشقٍ بلا قلَم.

اقْترِب.. وكُن ناراً تدفئني..

واطفئ بذراعَيكَ نار غيابكَ التي أحرقَتْني

آي كِيو العاشِقين!

اختباراتُ العشق تشابه اختبارات الذكاء!

فعندما تجتاز جنونها وإزعاجها وظلمها..

و تبقى تناظرها بنظرة الحب الغارقة في الحب..

نظرة الحب المتيمة، مبلولة الطرف بعتب مؤجل..

تكون قد نجحت في الاختبار!

و نلت درجة عاشقٍ بامتياز مع مرتبة الشرف.

خطوات

عندما تقترب خطواتك..

تحزم أحزاني حقائبها..

و تولي هاربة..

فهي لا تجرؤ على البقاء في حضرتك..

و أجبن من أن تشاركك الزمان..

أو أن تجلس معك في نفس المكان.

عُطور

ت إذا غبتَ..

تمرد علي عطوري..

وتُعلن العصيان..

تحكم إغلاق زجاجاتها على نفسها..

وتفضل الانتحار في قعر الزجاجة..

على أن يتبدد عبيرها في الفراغ..

دون أن تستنشقهُ أنتْ..

فإما أن تخنق أنفاسك أنفاسها!

أو أن تخنق أنفاسها أنفاسها.

هُروب

لبستُ يومي بإحكام اليوم..

أغلقت كل أزراره بإمعان..

ووضعت شالاً صوفياً سميكاً على كتف ذاكرتي..

لسَد كل المنافذ والمعابر والفتحات.

سيحميني الشـال الصوفي..

وسيمنع الذكريات الملتهبة من التسلل مخادعة..

والتجول ثملة على ضفاف دموعي..

سأعيش يوماً هانئاً بذاكرة سجينة.

شَوقي

أنا ما عدت أشتاقك..

فالشوقُ أبجدية المبتدئين..

وألف باء المتدربين.

أما أنا..

المخضرمة في النوم على درجات سلم العشاق..

والخبيرة بفنون القتال عَزلاء على مدرجات الهوى..

لم يعد يعنيني الشـوق.

لأنني ودون أن تعلم..

خبّأتك في منعطفات شراييني..

وأخفيتك في زوايا كل الكريات..

وأغلقت عليك كل المنافذ والمعابر والممرات..

فأصبحت تسكنني..

وتتغذى بأوردتي.. يلفك حبلي السري..

ويحميك جهاز مناعتي أكثر مني..

تنتشي كرياتي البيضاء بالدفاع عنك..

يترف قلبي بنبض وجهك..

وتعلن روحي النوم في فندق روحك..

فكيف أشتاقك سيدي بعد كل هذا؟
قل لي بربك كيف؟!

رفاهيةُ روح

بعض العلاقات تسافر في بحر أرواحنا؛ فتعجز كل العلاقات الأخرى عن أن تلحق بها، أو أن تتطاول عليها، أو حتى أن تجلس عند أقدامها..

هي للروح بمثابة نعمة تشابه تماماً نعمة البصر أو السمع للجسد.

نزهو بها على أيامنا، ونفاخر بها حاضرنا، وينتابنا أحياناً الشعور بأن عذاباتنا ليست إلا ضرائب نسددها لأننا حظينا يوماً ما بهكذا علاقات، ضرائب رفاهية كأي ضرائب رفاهية أخرى..

علاقات بطعم الوجود، أكثر من فاخرة، تستحق ضرائبها، وتتعب من تصنيفها كل النجمات.

فرق توقيت

وإنْ كانت ساعاتنا تختلف..

وإنْ كان التوقيت مختلف..

وإنْ كان صباحك مسائي..

ومساؤكَ صباحي..

إلا أنك تسكنني.

ووجهكَ موشوم على كل مسامي..

واسمك موقع على كل عروقي.

تمشي عقارب الساعة..

فينتصف النهار بالثانية عشرة ظهراً..

ثم ينتصف الليل بالثانية عشرة قهراً..

تمد عروقي يديها..

لتلف أصابعها المرتجفة حول عقارب الساعة..

تريد خنقها..

فيأتيني صوتك..

مسافراً مِن بعيد..

يدغدغ الصوت العروق المتمردة فتهدأ..

وتعدل عن جريمتها.

فتكمل عقارب الساعة دورتها..

الثانية عشرة ظهراً..

الثانية عشرة ليلاً..

الثانية عشرة ظهراً..

الثانية عشرة قهراً.

القسم الثاني

صَرَخات

إلى متى؟

نحنُ شعبٌ كريمٌ في طعامِه ومآدبه، بخيلٌ في كلماته وتعابيره.. ويبدو لي أننا نجهل حقيقةً مفادها بأن الكلمات الحلوة إذا تكدست داخلنا تصدأ!

وقد تسممنا!

ما المانع في أن نقول لسيدة جميلة أنيقة بأنها جميلة أو أنيقة؟!

أو أن نقول لأخرى ذكية مميزة بأنها ذكية أو مميزة؟

لماذا تتحشرج الكلمات في حلوقنا تكاد تخنقنا ومع هذا نمتنع عن إطلاق سراحها لتتنفس؟!

في الوقت الذي تكون فيه أعيننا منهمكة، تحاول أن تلتقط كل ما يمكن التقاطه لتقليده فيما بعد، بمسح شامل قد يفوق الإلكتروني في دقته!

ماذا سينقصنا لو قلنا أننا «اشتقنا لك»؟!

أو أن «صحبتك لها معنى مميز»..

أو «شكراً، لقد تعلَّمنا مِنك»..

أو «موقفك كان مثالاً يحتذى، وغايةً في الروعة»..

أو حتى أن «طَعَامِك شهي وسفرتك ملكية»..

صدِّقوني لن ينقصنا شيء، بل على العكس.. قد نصبح نحن سعداء لأننا جعلنا الآخرين سعداء.

الكلمة الطيبة الصادقة دليلُ صحة وعافية.. دليل رفعةٍ وامتلاء..

ومؤشر لا يستهان بأرقامه على الثقة بالنفس وعلو التربية واللمعان الحقيقي.

والنَّاس الذين لا يترددون بالنطق بالكلمات الحلوة الداعمة هم أناسٌ يعرفون نعمة السلام الداخلي.. إيجابيون.. متصالحون مع أنفسهم.. تكاد شخصياتهم تخلو من العقد.. كرماء بالمعنى الحقيقي للكرم.

في اللغة الإنجليزية يقولون "You Made My Day" والجملة حقيقيةٌ فعلاً، حيث أن أبسط الكلمات الحلوة العابرة قد تساهم في تغيير بوصلة يومك وتجعله هو الآخر حلواً، بغض النظر عن مشكلاته وترهاته..

هي جملةٌ سحرية يستخدمونها في الغرب كثيراً ويعملون بها فعلاً..

وقد يبادر أحدهم - وهو لا يعرفك معرفة شخصية - لقطع الشارع؛ ليقول لك بأنك رائع.. جميل.. راقي.. أنيق.. تشع ابتسامتك كالشمس.

لتشكره أنت بطاقةِ حب إيجابية لا تعرف من أين أتتك!: "You Made My Day"

قال صلى الله عليه وسلم: «المؤمن غِرٌّ كريم، والفاجر خبٌّ لئيم»

الغِرّ: سليمُ الصدر وحَسَن الظنّ لا يفطن للشرّ ولا للّؤم ولا للغل وليس بذي مكر.

الخبّ اللئيم: خبيث يسعى في الأرض بالفساد.

سُئِل صلى الله عليه وسلم: «أي النَّاس أفضل؟»، قال: «كلُّ مَخْموم القلب، صدوق اللِّسان.»، قالوا: «صدوق اللِّسان نعرفه، فما مَخْموم القلب؟»، قال: «هو النَّقيُّ التَّقيُّ، لا إثم عليه، ولا بَغْي ولا غِلٌّ ولا حسد.».

وفي سياق الحديث فقد توفيت قريبة غالية على قلبي منذ يومين، وقد كانت تمثل كل الحلا والغلا.. وبينما أدعو لها اليوم بالرحمة والمغفرة أعود فأذكر كل الكلمات الجميلة التي تفوهت بها عبر سنوات طويلة عندما كانت تقترب مني وفي غفلة من الكل لتهمس في أذني: «غير شكل، صدقيني أنتِ غير شكل».

رحلت هي بجسدها وبقيت ذكراها الطيبة العطِرة عبر كلماتها الصادقة الأغلى على قلبي والتي لم تحبسها يوماً!

المميز سيبقى مميزاً، قُلنا أم لم نقل..

والناجح لن يزحزح نجاحه تجاهلنا..

و كما تقول جداتنا:

«الكلمة الحلوة طالعة.. والكلمة البشعة طالعة.. فخلينا على الحلوة نحن منفرح ومنفرح هالعالم».

العقل يليق بنَا.. والقلب أيضاً يليق بنَا.. فلنطرز كلماتنا على جدران أرواحهم لتبقى هي إذا ما رحلنا يوماً.. فلا شيء رغم العدم يبقى.. إلا الكلمات

نِكات

مَن عاش التجربة الأمريكية أو الباريسية أو الدنماركية أو غيرها من تجارب الحياة على ظهر كوكب الغرب، بكل ما تحمله هذه التجربة من إيجابيات وسلبيات، سيصل حتماً إلى إدراك قيمة العلاقات الأسرية والترابط الاجتماعي الذي تتمتع بهما مجتمعاتنا الشرقية..

كوننا أمة أفرغت تماماً من محتواها، وبفعل فاعل، ومع سبق الإصرار والترصد.. وباتت اليوم تعيش مرحلة ما بعد الذل.. ما بعد القهر.. وما بعد الانحطاط.

حيث يسجل مؤشر الكرامة أدنى مستوياته.. ويتأرجح مؤشر الفكر في قاع القاع مترنحاً بين الانسلاخ والتقليد وضياع الهوية.

تغتالُنا الصفعات وتُنهِكنا المطبات والمنزلقات.. نتطلع حولنا متعَبين محاولين التمسك والبقاء، فلا نجد ما يقوي عودنا ويشد أزرنا كأرضية إيجابية نقف عليها، قدر أهمية علاقاتنا الأسرية المترابطة المقدسة بدءاً من الدائرة الأولى وحتى الدائرة الأخيرة.

وَمِمَّا يثير القلق فعلاً هو الهجمة الشرسة التي تتعرض لها تلك العلاقات الأسرية المقدسة من نكات وتهكمات وسخرية على كافة المستويات عبر صفحات التواصل الاجتماعي المتنوعة التي داهمت أيامنا.

تلك الهجمة العشوائية أو الممنهجة التي تكاد تصل لكل أنواع العلاقات الأسرية، علاقة الزوج بزوجته والعكس، علاقة الأولاد بذويهم والعكس، عداك طبعاً عن علاقة الكنة أو الصهر بالحماة، وإن كانت هذه العلاقة تحظى بتاريخ أطول في وجدان الشعوب من السخرية وبقدرٍ لا يستهان به من الأمثال الشعبية التي تنتقدها تارة وتبجلها تارة أخرى..

وبهذا المعنى هي مختلفة جوهرياً عما يحدث الآن.

حيث تتوالد النكات والتهكمات والمواقف الساخرة التي تصور العلاقة الزوجية في أبشع صورها، وتنوه بأن الخلاص الوحيد من هذا العبء يكمن في التخلص من أحد الطرفين بقتله مثلاً - وكله في سياق المزح -، أو أنها أحياناً تصور الخيانة على أنها شر جميل لا بد منه، ضحكات ساخرة متنصلة تماماً من أي أعباء دينية أو أخلاقية قد تكبل فكرة الخيانة أو القتل أو غيرها.

والمشكلة الأكبر تكمن في قبول المجتمع لهذه النكات وتداولها بشراهة مع تعليقات تكاد تسبقها في الانحطاط والتدني.. يتداولها الجميع كباراً وصغاراً شباناً وفتيات قد يكونوا مقبلين على الزواج أو أنهم قد أعرضوا تماماً عن الفكرة نتيجة لما يقرؤون ويسمعون من صورة ممسوخة مشوهة لا تمثل العلاقة الزوجية الحقيقية.. فكم مرة سمعنا عن رجل عاش على ذِكرى زوجته، أو أنه أعرض عن النساء بعد أن غادرت بنظره كل النساء...

أو في المقابل عن زوجة امتهنت الوفاء بعد رحيل زوجها، والأمثلة والاستثناءات كثيرة بطبيعة الحال.

النكتة سلاح فتاك سريع، قدرته سحرية في التأثير على عقول المجتمعات والمساهمة في غسل دماغها.. وقد اعتمدتها سلطات الاستعمار مراراً وتكراراً لتساعدها وتمكنها من السيطرة على مقدرات الشعوب وخيراتها، ولعل أكثر الصور

التي تراودني كمثال على ما أقول هي النكات التي أطلقت عن المحششين والسكارى محاولة لإلصاق صفة الفكاهة والذكاء وسرعة البديهة بالمحشش أو السكران ومنها الوصول لفكرة تقبل المجتمع له والقضاء رويداً رويداً على فكرة كونه شخصاً منبوذاً غير مرحب به في أروقة المجتمعات....!

ومن هذه النكتة البسيطة المضحكة طبعاً نحو الهدف الأهم وهو ترويج المخدرات والمشروبات وتفريغ المجتمع من قيمه الاخلاقية على المدى البعيد..

وهذا ما يحدث بحذافيره الآن على مستوى العلاقات الأسرية..

بحيث يتم تفريغها من مضمونها المقدس والاستهزاء بها حد الابتذال ليتم في المرحلة القادمة تشريع الخيانات والعلاقات المحرمة في إطار وردي مقبول ومن كافة أطياف المجتمع.

نحن بحاجة إلى قنطار وعي لنستطيع مواجهة كل الأسلحة الموجهة إلى صدورنا وعقولنا بدءاً من الضحكة وصولاً إلى الرصاصة..

علينا أن نروض أصابعنا ونخضعها لدورات توعية قبل أن نضغط ونرسل ونساهم في نشر السموم الفتاكة والنكات الهدامة.

فاست فود

كيف يُخلقون هناك مع مساحات فطرية من الإنسانية؟ وكيف تزداد تلك المساحات لمعاناً وبريقاً مع ازدياد أفق معارفهم وخبراتهم وتجاربهم؟ ولماذا تكون الإنسانية هناك مقدار مقدر موزون بمعزل عن المستوى الاجتماعي، الأخلاقي، أو التعليمي؟

لماذا لا يمكن لعاقل أن يناقش في أحقية أنجيلينا جولي بأسمى ألقاب الإنسانية رغم ألقاب أخرى قد يتحفها بها عالمنا المشرقي بسبب مسيرتها المهنية الفنية.. ولماذا تتجه كل المؤشرات في مشرقنا نحو الارتفاع إلا مؤشر الإنسانية هو في انحدار مرهق غير محسوب النتائج تماماً كما السقوط الحر؟!

لا يمكن لمراقب لمجمل الأحداث على مختلف الأصعدة في الآونة الأخيرة أن ينكر تطور المهارات والقدرات لشرائح اجتماعية مختلفة من جميع الخلفيات، بحيث باتوا يعرفون كيف يلبسون أو يتحدثون أو يسافرون، كيف يوجهون الدعوات ويكتبون التعليقات ويقيمون الولائم والحفلات، كيف ينطقون اللغات ومتى يكون من الأسلم ألا ينطقوا بأجنبي الكلمات، كيف يختارون الأثاث والبيوت والسيارات والفنادق والطائرات، كيف يتعلمون ويختارون الأفرع والجامعات، كل هذا وأكثر في مجرد فيديو يوتيوبي قصير قد لا تتعدى مدته العشر دقائق تحت كل عنوان من تلك العناوين السابقة وغيرها، وهذا جميل ومبشر بالخير، مع الانتباه لخطورة

وحيدة وهي أن ما استغرق غيرهم عمراً وسنوات كي يُنقشَ على جدران وجدانهم فيكون أصيلاً حقيقياً مختوماً، أصبح متوافراً وعلى قارعة الطريق لكل من رغب وشاء، وبنسخٍ رخيصة مزورة.

وهنا يكمن السؤال: لماذا لم تساهم كل تلك المعارف المباغتة في غفلة من الدهر والتي لم يجرؤ الأغلبية منذ عقد واحد من الزمان على مجرد الجلوس في حضرتها في التأثير على منسوب الإنسانية أو الأخلاق أقل تأثير؟! بل على العكس، لماذا تطورت المجتمعات ظاهرياً، وباتت قشورها أكثر لمعاناً بينما الجوهر في اضمحلالٍ مخيف، ومعنى الإنسانية في طريقه للزوال؟!

كيف تكون هذه العلاقة طردية مخيفة بين الظاهرتين؟ حقيقةً لا أعلم الإجابة وأحتاج لرأي الخبراء وعلماء الاجتماع المُختصين..

إلا أنني أعلم تماماً بأن صبغة الأكلات السريعة الـ (فاست فود) التي تلقي بظلالها على حياتنا المعاصرة أصبحت أكثر بكثير من مجرد وجبة سريعة بمعدلات عالية من الدهون المشبعة، أصبحت منهج حياة كامل متكامل؛ فالأخلاق كلها باتت (فاست مانرز) على مبدأ الفاست فود وباتت نتاج فيديوهات اليوتيوب وبرامج التلفزيون الخاصة بالتطور والتطوير، وبتنا نترحم على الأخلاق التي كانت تصنع في البيوتات وتستغرق عمراً على عمر، وتفنى في صياغتها الأجساد، تماماً كما نترحم على الطعام الذي كان يُحضر في البيوتات بنكهة تختصر كل النكهات، تميزها كفيل بإغلاق كل المطاعم والأسواق.

حقيقةً هو زمن الـ (فاست) بامتياز، فود ومانرس وكل ما يلزم للحياة، ولكل من اكتسب نبله على مهل السنوات بنار هادئة وعلى أنغام سيمفونية طقطقة خشب الورد والسنديان أن يراقب وهو يتمتم: «ماذا نفعل والكرم والكرامة والنبل والإنسانية والأنفة تورث ولا تكتسب؟!»

أولادُكُم لَيسوا لَكُم!

حفل اختيار ملك وملكة جمال الأطفال!

هكذا وبدون مقدمات صدر قرار باغتيال مصدر البراءة الوحيد المتبقي في مجتمعاتنا وتجفيف منابعه..

الأطفال، مخلوقات ملائكية بأجسادٍ بشرية، وإقحامهم في عالم الكبار بهذه الطريقة العلنية المشبوهة، وتشويه أفكارهم وخيالاتهم يكاد يُعد جريمة...

هذا السّعار نحو تحقيق الأرباح وضمان نِسب مشاهدة عالية بدأ بتسليع المرأة وتسعيرها وعرضها، ووصل الآن عبر نفق الأخلاق المُظلم نحو الطفولة...

وإذا سلَّمنا بأنَّ وزارات الإعلام لا دورَ لها، وبأنَّها غدَت بلا أعلامٍ ولا إعلامْ، وبأنها أصبحت عبئاً على دولِها بسطحيتها وضحالتها، وبأنها لا تستحق حتى فواتير الماء والكهرباء التي تكلِّف حكوماتها بها.. فأين دور الأهل؟! كَيف يُمكن لأُمٍّ أن تستبدل علبة مكياج باربي البلاستيكية بعلبة مكياجٍ حقيقية؟!

كيف يمكن لها إقناع ابنتها بأنْ تعرِض جسدها الطَّري الصغير لِيَنال التصفيق أو لا ينال، وتسقيها بيدها مشروب قلة الحياء؟!

كيف يمكن لأُمٍّ أنْ تعرِّض ابنتها في أحسن الأحوال إلى إحباطِ عدم القبول أو عدم الإعجاب وتُدخِلها في دوامة الضغوط النفسية مبكراً وقبل الأوان؟!

كيف يمكن لأب أن يصادق بملء إرادته على صك مُعَنوَن بأنَّ الجسد تذكرة عبورٍ سهلة مضمونة ويجب استغلالها حتى الرقم الأخير؟!

كيف يمكن لأبٍ أن يُقنع ابنه باختصارِ كل الرُّجولة ومقوماتها وحاضرها وماضيها في حفلٍ مشوَّهٍ كهذا؟!

هؤلاء الأطفال هُم الضوء الوحيد المتبقي لنا في زمن العتمة الذي نحيا...

مكانُهم الشواطئ، يسبحون ويلعبون ويبنون أحلامهم على قلاع رملية تأخذها الأمواج وتعيدها أولا تعيدها..

مكانهم الحدائق ومحلات ألعاب الأطفال والنوادي الرياضية ومراكز تنمية الهوايات..

مكانهم الصفوف المدرسية والمكتبات والمسارح ودور السينما والرحلات..

والأهم من هذا كله أنَّ أحلامهم ملكٌ لهم.. وهي في مكانٍ مقدسٍ لا يحق لأحد تقزيمها أو تشويهها أو المساس بها.. لا تخلطوا أحلامكم بأحلامهم، ولا تمارسوا سلطتكم الأبوية بشكلٍ سلبي؛ فأولادكم ليسوا لكم.

ها هُوَ حاضرنا يعج بالراقصين والراقصات دون تخطيطٍ أو تَوجيه.. ودون رسمٍ مُسبَقٍ للطَّريق.. فما بالكم إذا مهَّدتم الطريق وعبدتموه، ووجهتم الجيل، ومنذ نعومة أظافره، نحو بِئسَ الطريق.

جمالُ الأطفال يكمُن في براءَتِهم.. وأنتُم في مسابقاتكم المدسوسة تغتالون هذا الجمال.

مُعادلة صَعبة

السؤال الأول على قائمة الأسئلة الأعمق في زمننا المكفهرّ: هو كيف لمجتمعٍ أن يحقق المعادلة الأصعب فيكون مجتمعاً متديناً وفاسداً في آن واحد؟! كيف يمكننا أن نكون متدينين وفاسدين معاً؟!

منطقياً، هذا غير ممكن! فإما أن يكون الدينُ غير حقيقي أو أن يكون الفساد غير حقيقي! والفساد حقيقيٌ وحقيقيٌ وحقيقي! بل إنهُ الحقيقة الأقوى في زمننا الأضعف. فهل يكون الدين غير حقيقي؟! هل بات الدين قشوراً بالية تأخذنا بعيداً فنتوه عن الجوهر المقدس؟

جوهر ديننا الرّحمة، ونفوسنا تغص بالعنصرية، وتكاد تختنق بدخان عوادم الإنسانية...

جوهر ديننا المحبة، وشوارعنا تكتظ بنظراتٍ عدوانية، وتوتر وشر وبغض، ولا تعرف طريقاً للابتسامة..

جوهر ديننا التسامح ونحن مستعدون لأن نكفِّر كل من يختلف معنا اختلافاً يسيراً في درجة الحرارة..

في أي مفرمة يضعون الدين الأجمل وعلى أي سرعة يشغلون الماكينة اللعينة حتى تكون النتيجة هي ما نعيش اليوم! كيف يمكنه أن يصلي في المسجد صلاة الفجر ويرتشي مع قهوة الصباح؟!

كيف يمكنها أن تزّور منصباً وشهادة وعلماً وعملاً ثم تتحدث مع نسمات المساء كداعية باسم الدين؟!

كيف يمكنه أن يعادي أخوته من أجل حفنة جنيهات ممثلة بميراث زائل ثم يسبّح باسم الله على المسبحة الشريفة فتختنق حباتها تحت أصابعه من رائحة النفاق؟!

كيف يمكنها أن تتجاهل والديها بطلبات عمرهم المتقدم وَهناً ثم تطالب أبناءها بالبر وتدعو على سجادة صلاتها المذعورة بأن يجعلهم الله من الأبرار؟! وكيف وكيف وكيف؟!

بات الجهل سيدنا والنفاق مخلّصنا والخيانة كرامتنا والكذب أماننا وأمانتنا... تفوَّقنا في طول اللسان وتميَّزنا في فلسفة الشتم وتوزيع شهادات الإيمان لتحديد من سيذهب إلى الجنة ومن سيذهب إلى النار.. وبتنا أعداءً للعلم والتطور والفكر، نخاف الحسد والعين وليس لدينا حقيقةً ما نُحسَد عليه.

ديننا خلاصنا..

خلاصنا الوحيد..

وعلينا أن نُحسن مِن كيفية التعاطي معه..

فلا يبقى حالنا في التعاطي معه كحال من يزور هولندا ويعاني حساسية من الورود، أو كمن يزور الألب ويعاني من رهاب المرتفعات، أو كمن يزور فينيسيا ويعاني من فوبيا المياه.

نظَّارة

اخترتُ رُكناً هادئاً مِن أركانِ العيد المُكتظة، وجلستُ أحتسي كوب قهوة العصر الذي اشتقته.. أخفيتُ عينيَّ المجهدتينِ بليالي رمضان تحت نظارة شمسية أنيقة سوداء.. كان المكان جميلاً، وقد يعد بعرف التسويق ورواده البوصلة الأهم والأرقى للعيد.

شكرت النادل بعد أن أضاف المزيد من القهوة السمراء إلى كوبي العطش، ثم بدأت أجول بناظري من تحت نظارتي السميكة السوداء بحثاً عن العيد... فوجدته هو الآخر قد حضر مُرغماً.. وبموجب مُذكّرة استدعاء، مع شرطيين بمناكب عريضة كتّفا يديهُ وأجبراه على القدوم.

كان العيد حاضراً في كل التفاصيل، إلا العيون.. إلا الوجوه...!

كل تفصيلٍ آخر كان يرسم زاوية جميلة من زوايا لوحة العيد الناقصة.. بدءاً من الملابس الفاخرة الممضية، إلى الرموش الطويلة، والتي أجبِرَت هي الأخرى على أن تسبِق العيون بخطواتٍ فيعجز البريق المسكين عن اللحاق بالركب، إلى طبقات المكياج التي وضِعَت بإتقانٍ وبأصابعَ محترِفة؛ فأرهقت رئتي كل المسام.. وانتهاءً بالحقائب الباهظة التي تكاد إذا اجتمعت أن تشتري كل المكان، ومع كل هذا البذخ الممنهج لم تكن الوجوه سعيدة.. بل كانت مثقلة بما تملك أو بما لا تملك.. لا أدري!

كان طعمُ القهوة ساحراً، وكنت أستمتع بكل رشفة.. بينما أطالع الوجوه والأقنعة، مِن تحت نظارتي الأنيقة السوداء.

رأيت نساءً تكدّس قهر السنين فوق السنين من أجل شاب أو شابة، تطالع ضحكة عينيهما بكل الفخر وكل الرجاء وكل الدعاء.. ويراودها كل لحظة شعوراً بالامتنان بأنها عكرت صفو حياتها من أجلهما بدلاً من أن تعكر صفو حياتهما من أجلها هي...

لم يلحظ أحد قهرها، لكني ومن تحت نظارتي السوداء لاحظت.

ورأيت رجالاً يسترقون النظر إلى نساء غير النساء ثم يبتسمون في وجه نسائهم ابتسامة بلهاء...! لم يلحظ أحد خيانتهم المشروعة، لكني ومن تحت نظارتي السوداء لاحظت. ورأيت جيل شباب يلهث بين قهر النساء وخيانة الرجال (المشروعة)، لا يدري حقيقته ولا يدري وجهته، ولا يدري بأنه لا يدري...! لم يلحظ أحد ضياع الجيل، ولكني ومن تحت نظارتي السوداء لاحظت.

أكملتُ الرّشفة الأخيرة من قهوتي الكولومبية الأشهى.. ورفعت عن عيني نظارتي السوداء.. فكانت الدنيا وردية جميلة، واكتشفت بأن العيد قد حضر وحده طائعاً وبدون مذكرة استدعاء، وأن كل التفاصيل الأخرى كانت هوليوودية أسطورية، رسمتها لي مع سبق الإصرار والترصد.. نظارتي السوداء...!

إكساء روح

لَم يعُد القلب ولا العقل يتسعان للجميع، لجميع الجميع.. حان لهما أن يسعدا برفاهية الاختيار.. ففي بدايات الاغتراب ومسيرة العمل كان لابُد من قبول الجميع، وكان لابُد من رسم مسافاتٍ متقاربة متوازية مع الجميع، وصياغة الابتسامة بمقاسٍ واحد مع الجميع، والكلمات هي الأخرى قبل نطقها ترد على ميزان وحدته القيراط وأعشاره...

وسواءً كان هذا مهنية أو دبلوماسية، تواضعاً أو عجرفة.. لا أعلم! ما أعلمه اليوم أنه حان الوقت لأن نوقع عقداً لاختيار أثاثات قلوبنا ومساند عقولنا وأرائك أرواحنا، تماماً كما نختار الأثاث لبيوتاتنا بخبرة وحنكة، بوعي ونضوج في مرحلة منتصف العمر، أو على مشارفه أيضاً، لا أعلم!

دعونا نختار الرخام أرضيةً وللزوايا؛ لتبقى الأساسات صلبة قوية لا تُقهر ولا تكسر...

وخشبُ الورد والسنديان للأبواب؛ حتى تبقى صامدة كل العمر، ونعاود فتحها بعد كل إغلاقٍ عنيف أو حتى صرير..

لتكُن الأرائك محشوة بريش النعام، مُنجَّدة بحرير دود القز الفاخر؛ فلا يليق بأعناقنا بعد كل سنوات العناء إلا أن تُلقي بحملها على هكذا أرائك..

الكراسي كلها مشدودة بقماش الأوبيسون المعتَّق، المشغول باليد قطبة قطبة، خيطاً خيطاً، لوناً لوناً، وعمراً عمراً..

وإلا فكيف ستقهر إجاباتهم أسئلتنا؟ وكيف ستحتوي جسورهم مطباتنا؟!

المرايا بلجيكية أصلية بقطعة واحدة بلا انحناءات ولا تعرجات، رأت ما رأت على مر الزمان، ولم تنطق، بل احتفظت كل العمر بالأسرار والحكايات!

والسجاد نسجت خيوطه الحريرية في قُم بعقدٍ مزدوجةٍ ورسوماتٍ لقصص عشق وحب وخيانات....

سجاجيد أصيلة كلما استُعمِلَت كلما صُقِلَتْ وجوهها وتجوهرت ملامحها ولمعت نخاعات خيوطها المختبئة بحسب شعاعات الشمس.

كل ما هو مطليٌّ بالذهب لا يلزمنا! ولا كل الحروف الثمينة على أعتاب الصحون أو الكؤوس الممهورة بالتوقيعات!

كل الزخارف الجاهزة لا تعنينا. ولن نعلق على جدراننا أي لوحاتٍ فقط لنملأ الفراغات.. فإما أن تكون الرسومات أصلية منقوشة بحبر العمر وتاريخه.. أو لا تكون!

فلتبقى حوائطنا خالية، نقيةً تختال بنظافتها بلا رسومات،

بلا زيفٍ ولا ألوانٍ ولا مسامير ولا إطارات.

وفي الحدائق فليعرّش الياسمين على أرواحنا حراً أبياً بلا عرائش ولا خشبات..

فلتلتهم رائحته المخبأ في داخلها عمرنا كل الصباحات.

ماذا ينقصنا؟

سؤال بت أسأله لنفسي كل يوم بعد..

احتكاك عفوي دامٍ بكامل نضجي واستوائي، كفاكهة سقطت فجة طرية باكراً عن غصن شجرة الوطن، مع أبناء الوطن ومدينتي خاصة، عبر (الكروبات) الجميلة المنتشرة خلال فترة الجائحة اللعينة، احتكاك أسعدني وأرهقني في آن..

أسعدتني الفطنة وسرعة البديهة ونوعية الفكر والوعي والانفتاح، الفكر المشحوذ بعراقة حارة عتيقة، والمستنير بفكر جامعة غربية امتلأت خزائنها برسائل البحث والأبحاث، يتماوجون بين الفطرة والارتجال وبين العقل والعلم.

الفطرة الأصيلة الخام مغلفة بـ (سولُفان) العلم والعولمة، لهو خليط قيم وثمين، قد تطمح له كل الشعوب في صيرورتها،

لكنه للأسف في حالتنا خليط عشوائي مهموم، ككتلة عطالة ساكنة غير منتجة تتحرك مكانها، وهذا ما أرهقني وأرغمني على طرح سؤال: "ماذا ينقصنا؟"..

التجارب هي أقدس مرحلة في تاريخ الشعوب، وأهم ركيزة تقوم عليها المختبرات، ونحن شعب مليء بالتجارب.

إلا أننا عندما نصل إلى مرحلة الاستنتاج نخطئ بالبحث عن حلٍّ موجود في موروثنا، ونحاول فقط إعادة اكتشافه، بينما مرحلتنا هذه تتطلب ابتكاراً وإبداعاً وخلقاً للحلول وليس فقط البحث عنها..

في تجاربنا الكشفية الأغلى، وأثناء المسير كانت أجمل الطرق وأفضلها تلك البكر التي لم يسبقنا إليها أحد، ولم يكتشفها أحد...

كل ثقافة الشرق والغرب وجامعاته وأطروحاته لا يزيد عمرها عن ألفي سنة؛ بينما نحن إحساسنا أقدم، والإحساس مقياس لبقاء الشعوب، نحن غنَّينا مواويلنا قبل حتى أن نتكلم، أو أن نكتب ونعبر بالحروف الأبجدية، والغناء إحساس ووجود، وباعنا في الوجود طويل.. طويل.

قيمتنا هي أهم ما نملك، وهي مختلفة تماماً عن ثمننا الحالي في أسواق العالم.. والسؤال الذي يعصف بي عصفاً حتى تعود قيمتنا أو أن نعيد صياغة برمجتها بمفهوم اليوم هو: "ماذا ينقصنا؟"...

بكمامة ومعقم لليدين ومسافة مترين تسمى التباعد الاجتماعي يمكننا التعايش مع فيروس قاتل يفتك بنا غدراً عبر قبلة أو مصافحة أو عناق...

ونحن وبكل هذا الوعي والفطرة والنور عاجزين عن أن نقضي على أي مفهوم خاسر قاصر ظلامي هش مخادع فتك بنا عبر الزمن، وُضِعَ عمداً أو بحسن نية في طريقنا، ليشتعل كعود كبريت في كومة قش كلَّما اقترينا منه حتى لا نصير! هل لأننا مشتتون؟ لا أعلم!

"ماذا ينقصنا؟"

حيرة

تُرانا أصبنا أمْ أخطأنا؟!

نحن الذين ربينا بأرواحنا قبل أجسادنا.. ترانا أصبنا أم أخطأنا؟ نحن الذين وضعنا أنفسنا في مربع المثل الأعلى..

تُرانا أصبنا أم أخطأنا؟

نحن الذين انتهجنا مذهب الأفعال لا الأقوال...

تُرانا أصبنا أم أخطأنا؟

كنا نسرد كل يوم بطولاتنا الصغيرة والكبيرة أمام أولادنا خلال وجبة غذاء دسمة، فتتنافس اللقيمات والنكهات مع الدروس والعبرات...

أخذنا الدنيا بعرض صدورنا باحتكاكٍ مباشر وعلى كافة المستويات.. محاولين جهدنا أن ننقي الشوائب العالقة ونعري التجارب الحياتية من كل الدروس والعبر لوضعها نصب أعين أولادنا خالصة مخلصة حتى نجنبهم الغوص فيها أو حتى التعثر.

ردود الأفعال المدروسة.. والانفعالات المحسوبة. فشات القهر بدون قهر.. والتعامل الدائم مع الله ولوجه الله.

الترفع حد الاختناق.. والتعفف حد الجنون.

القوة رغم الضعف.. والابتسامة دون شفاه.

الوقوف دون مفاصل.. والاستمرار بغاية الاستمرار.

كل هذا وأكثر على مرأى ومسمع من الأولاد وعبر جميع منخفضات الأيام ومرتفعاتها لتتشرب أرواحهم كل ما جرى حولهم خلال مرحلة النشأة الأولى، تارة بوعي، وتارة بعفوية.. تارة يؤيدون وتارة يعارضون. ليكبروا في غفلة من الزمان ولنجد كل ما غرسناه فيهم يكاد يزهر أمامنا...

ها هم يذكرون تاريخنا بتفاصيله الغضة واليابسة، بل أنهم يذكرون تفاصيلًا كنا نحن قد نسيناها.. أو أردنا تغييرها. يحترمونها ويتكلمون عنها بقدسية بعد أن اختبروا جانباً يسيراً من الحياة وجانباً آخر من أنواع البشر؛ فقرروا بمحض إرادتهم اتباع خطانا والسير على نهجنا.

يتنغمون بالتجارب ويتندرون بالأحداث في الوقت الذي بتنا نحن نتساءل فيه على لسان حالنا ترانا أصبنا أم أخطأنا؟

ويطرح السؤال نفسه خجولاً.. أليس هذا ما أردناه لهم؟! أليس هذا هو الصراط المستقيم الذي رسمناه بأعمارنا وأرواحنا وتجاربنا؟! لماذا التردد الآن بعد أن تبلورت السنين وبلورت ما أردناه لهم؟ هل كان علينا أن نلامس سطح المستنقعات على الأقل، إذا أردنا تجنب القاع؟

وبمعنى آخر.. هل يساهم الأهل الذين لا يحسبون خطواتهم ولا يتورعون عن خطأ أو صواب، على كل الأصعدة وفي كل الاتجاهات، في بناء جهاز مناعة أقوى لأولادهم من أهل يزِنون كل صادراتهم وواردتهم بميزان الذهب وينتقون ويتخيرون حتى مل منهم الانتقاء وحتى سئم منهم الاختيار..

هل عمل منهجنا في تربيتهم على تقوية جهاز مناعتهم ضد بكتريا الحياة أو على العكس ساهم في إضعافه؟ هل نريد لهم السير على نفس الخطى أم أننا نطمع في اجتهاداتهم؟

أسئلة كثيرة عمياء تبحث عن إجابات مُبصِرة..

وحتى تكشف لنا الأيام تلك الإجابات لا بد لنا من الاعتراف بأننا وضعنا أنفسنا ضمن إطار مرصع باللآلئ وسيكون من الصعب علينا القفز منه طوال حياتنا.. فقد باتوا يتوقعون كلماتنا وتصرفاتنا وردود أفعالنا قياساً على تاريخنا المشرف البطولي.. بل إنني أخشى أنهم باتوا يَرَوْن أخطاءنا الصغيرة العادية أكبر بكثير من حجمها؛ لأنهم اعتادوا الأفضل والأرجح والأرقى والأقوى.

متى سنسعد بالقطاف؟ ومتى سنتيقن من أن فندق الخمس نجوم بأساساته وأركانه قبل مفروشاته ووجبات طعامه – والذي أقاموا فيه طيلة حياتهم – إنما ساهم في تقوية إيمانهم وصبرهم ودعّم إسمنت وجودهم في مواجهة الحياة، وليس العكس؟

متى ستجبرنا النتائج فعلاً على التوقف عن طرح ذلك السؤال الأعمى الذي أرهقنا على حين غرة، وبعد أن رأينا ما رأينا من أعاصير الزمان..

ترانا أصبنا أم أخطأنا؟

متى ستكتب الإجابة على بوابة عمرنا بالخط العريض بأننا أصبنا.. من المؤكد أننا أصبنا.

العم فرحان

كيف يمكن لقارئ نشأ بين صفحات مجلة (العربي) وبين أغلفة مجلة (المختار ريدرز دايجست) أن يُكمل مسيرته الثقافية المرَّة بين الصفحات السوداء لهذا الزمان؟!

كيف يمكن لمن كانت مجلة (الشبكة) أو (الموعد) على أيامه تخدش الحياء، بل إنها كادت أن تكون ممنوعة في عُرف بعض البيوتات، وكان من غير الممكن تصفحها إلا على مناضد صالونات التجميل وتصفيف الشعر.. أن يقبل لكل هذا الإسفاف باقتحام طريقه؟!

نحن الذين عشنا زمناً كانت فيه الروايات العاطفية كروايات (عبير) تهمة بحد ذاتها يُستدعى من ورائها أولياء الأمر إلى المدرسة لبحث الجلل الخطب العظيم...

نحن الذين عشنا زمناً كان فيه المرور على كشك الجرائد والمجلات الأشهر في مدينتنا عُرفاً أسبوعياً هاماً لا يمكن تجاوزه إلا لسبب قاهرٍ قد يبرر لنا الغياب..

كانت رفوف مكتبات بيوتنا تمتلئ بمختلف النكهات الثقافية العربية والأجنبية من (روز اليوسف)، إلى (صباح الخير)، إلى (طبيبك)، إلى (السفير)، و(الأهرام) و(النهار) و(التايمز) و(ناشيونال جيوغرافيك)، تماماً كما تمتلئ رفوف ثلاجاتنا بمختلف المذاقات والأطباق...

وهنا أتحدث عن الصحف والمجلات حصراً ولن أتطرق إلى أمهات الكتب.. عداك على أن المرور على مكتبة أنطون للتبضع قبل الرجوع من بيروت كان لا يقل أهمية

عن المرور على متاجر شارع الحمراء أو الأشرفية.. أما إذا صادفت زيارة بيروت معرض الكتاب فكنا نحلق بمشترياتنا من المعرض في السماء.

كانت النظافة بكل معانيها هي سمة ذاك العصر.. نظافة العقل والكلمة واللسان والذمة والشكل والخلق، مروراً بكل التفاصيل الأخرى وحتى نظافة الحذاء. نعم، حتى نظافة الحذاء!

فقد كان هناك في ذاك الزمان رجل طيب اسمه العَم فرحان.. كان العم فرحان يتجول بين بوابات البيوت لينظف الأحذية من الشوائب العالقة والوحول، ويلمعها؛ فتصبح بحكم الجديدة.. كانت الأوساخ بكل أشكالها وأنواعها ممنوعة من الدخول إلى البيوت.. حيث يتم التخلص منها على العتبات وأمام البوابات.

كانت نظافة ذاك الزمان بيضاء ناصعة، تتمتع بمقاييس عالمية تبدأ من أعلى الرأس وتنتهي بأخمص القدمين.

أما اليوم فنحن مجبرون على التسكع في أزقة الفضائح والتسول على أرصفة الابتذالات والانتهاكات، ومرغمون على أن نطفو على أمواج وشطآن الغرائز الهائجة والمهيجة...

نمر أمام صفحات ومحطات تشهر إفلاسها الأخلاقي دون أن تشعر بأنها مفلسة، وتتراقص أمامنا أقلام عارية غرائزية مختوم ضميرها بالشمع الأحمر لتجرف في تيارها الهائج ما استطاعت أن تجرف من عقول غضة أو مغيبة.

والأدهى أننا نجد أصحاب هؤلاء الأقلام يعتلون المنابر ويشغلون الساحات ويستلمون الجوائز ويباركون المجتمعات بعهر أعمى تفوح رائحته لتزكم أنوفنا وتخنق أنفاسنا.. فنتجرع رغماً عنا سموم أو سموم حبرهم.. لنشعر بأننا في الحديقة الخلفية لغيبوبة الوعي.. وعلى الشرفة الأمامية لمقبرة الضمير.

نحن اليوم نحتاج العَم فرحان الذي كان يعرف تماماً كيف ينظف الشوائب ويتخلص من الوحول والقاذورات قبل أن تدخل إلى البيوت.. فتعلَق.. ويصبح التخلص منها صعباً..

نحن بحاجة لاستنساخ الآلاف من العم فرحان في زمن الوحول اللا متناهي الذي نعيش.

تساؤل

سؤال بسيط يطرح نفسه!

ما هو الفرق بين الدول الإسلامية والدول العربية الإسلامية؟

أي ما هو الفرق بين دول مثل إندونيسيا وماليزيا وتركيا وباكستان، ودولنا العربية الإسلامية؟

لماذا نتصدر نحن قوائم إحصائيات الجهل والفساد والتخلف والقمع بينما حققت تلك الدول أشواطاً سريعة وغير مسبوقة في التحضر والتقدم والتعلم؟ وفي كافة المجالات، الصناعية والتجارية والخدماتية والتعليمية، وطورت من قدراتها طبياً وعسكرياً وهندسياً، واستطاعت أن تحظى بمكانة متقدمة بين دول العالم، واعتبرت دولاً متحضرة بحسب التقييم العالمي، بينما لازلنا نحن نتسابق لتحقيق أرقاماً قياسية في الجهل والقتل والفساد والمرض والتخلف!

أليست هذه المقارنة البسيطة كفيلة بأن تسكت كل الأصوات المغرضة والتي تحاول أن تصطاد في الماء العكر وأن تربط بين الإسلام وبين الجهل والتخلف؟! فتساعد على تشويه صورتنا في الغرب.

تلك المقارنة المتواضعة تثبت أن الإسلام ليس هو المسؤول عن تخلفنا وجهلنا واحتلالنا أسفل القوائم الحضارية على كافة الأصعدة، وذلك لسببين: الأول من الحاضر المعاصر ويتمثل في نجاح تلك الدول الإسلامية وقدرتها على تحقيق ذاتها

وفرض وجودها واحترامها في العالم، والثاني من تاريخنا المشرق حيث أن الإسلام كان مسؤولاً عن حضارة تاريخية ستبقى قواعدها وأصولها الحقيقية منهلاً ومنبراً لأهم وأكبر الحضارات في العالم وحتى نهاية البشرية.

فإذا كان لنا أن نتطاول على قاماتنا ونتجرأ على البحث عن شماعة أخرى لنعلق عليها أسباب تخلفنا وجهلنا وفسادنا بعد أن بدا واضحاً أن ديننا بريء من واقعنا المؤسف؛ فلن نجد أمامنا سوى عروبتنا، فهل تتحمل جيناتنا العربية مسؤولية واقعنا المؤلم؟ وهل كان بعض المفكرين والأدباء العرب محقين في ما قالوه عن بني جلدتهم؟!

فقد قال المتنبي [1] قديماً:

«هل غاية الدين أن تحفوا شواربكم.. يا أمة ضحكت من جهلها الأمم»

وكذلك فعل ابن خلدون [2] في مقدمته الشهيرة، فعنونَ أحد فصولها:

«أن العرب إذا تغلبوا على أوطان أسرع إليها الخراب»

---

[1] أبو الطيّب المتنبي: هو أحمد بن الحسين بن الحسن بن عبد الصمد الجعفي أبو الطيب الكندي الكوفي المولد، عاش أفضل أيام حياته وأكثرها عطاء في بلاط سيف الدولة الحمداني في حلب وكان من أعظم شعراء العربية، وأكثرهم تمكناً من اللغة العربية وأعلمهم بقواعدها ومفرداتها، وله مكانة سامية لم تُتح مثلها لغيره من شعراء العربية. فيوصف بأنه نادرة زمانه، وأعجوبة عصره، وظل شعره إلى اليوم مصدر إلهام ووحي للشعراء والأدباء. وهو شاعر حكيم، وأحد مفاخر الأدب العربي.

[2] ابن خلدون هو عبد الرحمن بن محمد ابن خلدون أبو زيد ولي الدين الحضرمي الإشبيلي، ولد في تونس وشب فيها وتخرّج من جامعة الزيتونة، ولّي الكتابة والوساطة بين الملوك في بلاد المغرب والأندلس ثم انتقل إلى مصر حيث قلده السلطان برقوق قضاء المالكية، ثم استقال من منصبه وانقطع إلى التدريس والتصنيف فكانت مصنفاته من أهم المصادر للفكر العالمي.

و قال جبران[3] في رواية النبي:

«ما أولاكم أن ترثوا لأمة زاخرة النفوس بالمعتقدات خاويتها من الإيمان، ما أولاكم أن ترثوا لأمة تهتف للباغي هتافها للبطل، ويبهرها الغازي فتعده الوهاب الجواد، وما أولاكم أن ترثوا لأمة لا ترفع صوتها إلا عندما تشيع ميتاً، ولا تتفاخر إلا بأطلالها، ولا تثور إلا عندما ترى رقابها بين السيف والنطع، وما أولاكم أن ترثوا لأمة وليها ثعلب ماكر، وحكيمها مشعوذ..»

وقال نزار:[4]

«إياك أن تقرأ حرفاً واحداً من كتابات العرب، فحربهم إشاعة وسيفهم خشب وعشقهم خيانة ووعدهم كذب..»

فإذا كانت تلك المزاعم حقيقية، فما هو سر تميز الكثيرين من أبناء جلدتنا وبمقاييس نجاح عالمية؟ ولماذا يبرعون إذا توافرت لهم الظروف المهيئة المحفزة؟

إذاً من هو المسؤول عن فشلنا؟

يبدو لي أن السؤال شائك بمرارة، وأن الإجابة أكثر شوكاً وأكثر مراراً، ولا زال الطرح قائماً يبحث عن الأسباب..

ولكن إذا كان لابد لنا من كبش فداء يحمل أوزارنا فليكن هذا الكبش جنسياتنا أو قومياتنا أو أنظمتنا الفاسدة.. أهون علينا ألف مرة من أن يكون الكبش هو ديننا.

---

[3] جبران خليل جبران (1931 – 1883م)، شاعر وكاتب ورسام عربي لبناني من أدباء وشعراء المهجر.

[4] نزار بن توفيق القباني (1923-1998) م، دبلوماسي وشاعر سوري معاصر.

سؤال آخر بسيط يطرح نفسه:

لماذا نستطيع أن نحمل جنسيتين وأكثر، إلا أننا لا نستطيع إلا أن ندين بدين واحد؟!

ملامح

تقاطيعها حلوة! سكرة!

كلمات يعتمدها أصحاب حزب الأبيض والأشقر جهابذة الجمال في مشرقنا كجائزة ترضية وجبران خاطر إذا كانت الصبية التي يقيّمون جمالها لا تنتمي لهذا الحزب..

فالعلاقة بين الألوان والجمال تتناسب طردياً في مفهومهم.

بينما تجد في الغرب نفسه موطن العرق الأشقر ومسقط رأسه أن الجمال كل الجمال يكمن في كلمات الترضية هذه..

يكمن في جمال التقاطيع.. وبغض النظر تماماً عن لون البشرة أو لون الشعر.

علم كامل قائم بحد ذاته يعتمد نسب مقاسات الوجه والمسافات بين الملامح وعوامل أخرى كثيرة مثل بريق العينين والثقة بالنفس؛ فالملامح الجميلة دون ألوان تعطي الفرصة للفوز بلقب سيدة حلوة أو جميلة بينما لا يكون العكس صحيحاً.

مفاهيم كثيرة في مشرقنا تحتاج إلى إعادة هَيْكلة..

قد يكون من ضمنها مفهوم توزيع الكؤوس وجوائز الترضية.. وإن كنا سنواجه بعض الصعوبات بعد اكتساح عمليات التجميل.

تَفاؤل

ماذا تخبئ لنا السنة الجديدة؟، أم ماذا نخبئ نحن لها؟ هل ستكون سنة بحُلة أجمل؟ أم سنكون نحن آدميين بحلة أجمل؟

كم اسماً سيسقط مِن أجندة الأسماء المدونة في ذاكرة الهواتف وعلى جدران القلوب؟ وكم اسماً جديداً سيُضاف؟

وهل ستأخذ الأسماء الجديدة مكان الأسماء القديمة فعلاً، مكان الأسماء التي سقطت؟

والتي تركت تذكرتها صالحة لعمر آخر نظرياً، لكنها عملياً ورغماً عنا وعنها نزلت.. وغادرت القطار!

أم أنه لم يعد هناك متسع لأي اسم أو حتى لحرف جديد؟

كم مرة سيغتالنا الوداع؟ وكم مرة سيُحيينا اللقاء؟

هل سنغيّر درجة الزاوية التي ننظر من خلالها؛ فتتبلور تطلعاتنا وينضج تقييمنا؟ أم سنزداد تشبثاً بحمق زوايانا؟

هل ستبقى أجسادنا تتباهى بأرصدة وهمية بينما تعلن العقول إفلاسها؟ هل سنبدع في إبرام صفقات جديدة تليق بخبراتنا وصبغات شيبنا؟ أم هي الصفقات التي ستبدع في إبرامنا؟ هل سنوقع معاهدة صلح مع أخطائنا وأخطائهم، مع عيوبنا

وعيوبهم، مع تجاعيدنا وتجاعيدهم، ومع حاصل حلو ومر لحظات العمر التي
وحدت أيامنا بأيامهم؟

أم ستبقى المعاهدة بدون توقيع.. تجير لحساب النفس الأسمى.. والأقوى؟

أسئلة كثيرة بلا ضفاف..

تفتقد الشطآن..

عَل الإجابات تأتي يوماً ما على مقاسها..

وبعمق ندوب حروفها..

متوَّجة ببهجة الوصول لخط البداية..

بحلاوة الشعور بالرضا..

وبمعرفة حقيقة معنى طعم الامتنان.

رضا

كانت السيدة في الثمانين من عمرها، تختصر الرقي، وتجسد الأرستقراطية العفوية، بمعزلٍ عن كل المنشطات والفيتامينات، كانت أخلاقها تناسب القصور، وحكمتها تكاد تليق بكل العصور.

كسرت السيدة ساعدها الأيسر، وأذكر أنني ذهبت مع العائلة للاطمئنان عليها، كان الكل شديد القلق بسبب تقدم عمر السيدة وخطورة العلاج، إلا أنني فوجئت بها تطل من وراء كل الورود التي فرشت البهو الكبير بابتسامةٍ جميلة، مشرقة، لخّصت اليقين وعبرت فوق كل دروس الإيمان لتقول: «الحمد لله يدي اليسرى وليست اليمنى»

أذكر حينها أن الجملة أدهشتني نظرياً فقط، ولم يخيل لي يومها أنني قد ألجأ إليها عملياً.. أنا التي كنت في مقتبل عشرينياتي أختصر الحياة كلها بضحكة مجلجلة، وأرسم مرافئاً للأمل بنظرة مِن عيني، وقتها كنت أجهل فلسفة التحايل على الأيام، لكنني بحدسي أيقنت أن الكلمات سحرية، وأنها قد تبقى معي ما حييت، وهذا ما كان.

أنا الآن أُتقِن فلسفة التحايل على الأيام، أو على الآلام.

صحيحٌ أن هذه الفلسفة أرهَقَتني واستهلكَتني، وأتعبتني، ولا زالت.. إلا أنها الفلسفة الأقوى التي ترفع أسهم المقاومة والاستمرار إلى الأعلى.. الفلسفة التي ترسم ابتسامة للرضا فوق كل دموع الألم..

الفلسفة التي تجبرك وأنت تجبّرْ اليد اليسرى على أن تتفقد اليد اليمنى التي لم تكسر..

وتجعلك تؤمن مع الأيام أن هناك دائماً يد يمنى لم تكسر.

حربوق

هؤلاء الذين اشتهروا في بلادنا وما حاذاها وما شابهها بحمل لقب «حربوق» أو «فهلوي»، ثم حصلوا على جوازات سفر وتأشيرات دخول وانتشروا في مشارق الأرض ومغاربها، وحملوا معهم جينات حربقتهم وفهلوتهم الفريدة عندما ارتحلوا..

عليهم اليوم أن يأخذوا حذرهم ألف مرة قبل البدء بتوظيف واستعمال جينات الحربقة والفهلوة التي يملكون؛ ففي بلادهم كان الخطأ ينسب إليهم بشخصهم، أما في بلاد المهجر فالخطأ سينسب إلى الدين بأكمله، أو إلى البلد الذي قدموا منه بأكمله.

فالمجتمعات التي يعيشون فيها اليوم ويطمحون ضمناً وعلناً إلى تسويق حربقتهم وإعادة تدوير شطارتهم على أرضها مختلفة تماماً عما عهدوه، ولا تصفق بتاتاً لمثل هذا النوع من الفهلوة والشطارة.

والأهم من هذا، وبغض النظر عن القوانين الصارمة والعقوبات المقترنة بها في تلك المجتمعات، فإن المغتربين هُم واجهات أديانهم وعناوين بلدانهم..

فالمغترب الذي يتعامل مع المواطن الذي قد يكون جاره في الحي أو زميله في الجامعة أو زميله في العمل عليه أن يدرك تماماً بأن هذا المواطن لا يعرف عن ديننا شيئاً، ولم يقرأ تعاليم كتابنا المقدس، ولا يدري عن بلادنا شيئاً، ولم يقرأ عن حضاراتها وأمجادها، هو يعرفنا نحن فقط.. وسيقوم بتقييم ديننا وبلادنا

وحضاراتنا من خلالنا نحن فقط.. تعاملاتنا وأخلاقنا والتصرفات الصغيرة قبل الكبيرة ستكون مرآةً لكل الجالية، لكل الدين.. حيث أن أي كذب أو تلاعب أو حربقة غير مشروعة ستنسُب حكماً إلى الدين بأكمله، أو حتى إلى المشرق بأكمله.

ولا أبالغ إذا قلتُ بأن أقدارنا ساقتنا كمغتربين إلى أن نكون في مواجهة شياطين الأرض الذين يبذلون كل طاقاتهم لتشويه الدين وتدميره وربطه بالقتل والخراب والكراهية، والذين يعملون على تسويق ثقافة القبح والموت وغسيل العقول وإعادة برمجتها وتطويعها لرفض كل ما هو إسلامي أو مشرقي.. نحن في مواجهة كل هذا عزلاً، عزلاً تماماً بمفهوم الحرب.. لا نملك سوى أخلاقنا وتربيتنا وأصالتنا التي نشأنا عليها في مواجهة طوفان الشر.

ويوماً بعد يوم ومع تراكم السنين والخبرات تتأكد أمام أعيننا حقيقة أننا نحن الذين نملك الدين الحقيقي الصلب وعلينا أن نحافظ عليه ونعمل به ونعيد له وجهه الحضاري الجميل الذي أنهك تشويهاً وقتلاً ودماراً.

وبمعادلة بسيطة إذا طبق كل منا التعاليم الحقيقية للدين وفي كل التفاصيل لاستطعنا أن نؤثر على القرارات السياسية الكُبرى في العالم؛ لأن الحكومات الغربية ببساطة ترضخ لآراء ومتطلبات شعوبها، ونحن قُدر لنا أن نحتك بتلك الشعوب مباشرة، وهي فرصتنا الذهبية الذكية لتلميع صورتنا في عالم بدأ يضيق بِنَا ويتأفف من وجودنا.. فإذا استطاع كل منا أن يجبر جاره أو زميله على أن يرفع له القبعة، ويقول بأعلى صوته جاري مسلم أو عربي مُحترم يستحق التقدير ويستحق بالفعل حياة أفضل، ستتكاثر القبعات جنباً إلى جنب وستصطف مشكلة قبعة كبيرة نستظل كلنا تحتها، وعندها فقط ستتغير قرارات الحكومات القوية لمصلحة الشعوب الضعيفة.

الدين الذي نُحارب به هو سلاحنا الذي سنحارب به، وهو مخلصنا الحقيقي، وارتباطنا بتعاليمه الصحيحة يشكل خلاصنا ويرسم مستقبلنا.

وهو في الحقيقة أكثر وأعمق وأكبر بكثير من أن نهنأ ونطرب لمجرد أننا وجدنا ملحمة تبيع لحماً مذبوحاً حلالاً فنعتقد بأننا بذلك اختصرنا الدين وطبقنا كل تعاليمه..

الملحمة الحلال هي مجرد بداية لدين كامل متكامل وليست النهاية.. الدين في المهجر ليس مجرد ملحمة.

هُناك فرق

كثيراً ما تساءلتُ عن سبب فقر الحياة الاجتماعية الأمريكية قياساً بمثيلتها في المجتمعات العربية.. لماذا لا تكتظ عطلاتهم الأسبوعية بدعوات فطور وغذاء وعشاء كما هو الحال في مجتمعاتنا؟ لماذا تكون جملة (Happy Friday) التي تماثل في مضمونها (هلا بالخميس) بمثابة نقطة انتهى، وليست فاصل ونواصل كما هو الأمر لدى جماعاتنا؟!

ترى هل هي طبيعة العمل القاسية ضمن شركات أكثرها عالمية لا تعترف إلا بالخطوط البيانية وأرقام الإحصائيات ودون محسوبيات ووساطات هي السبب؟ حيث تشكل ساعات العمل ضغطاً حقيقياً على أعصاب الموظفين في كلا القطاعين العام والخاص، هي ساعات عمل مرهِقة طاحنة تحتاج إلى كل التركيز وبعضه، إضافةً إلى القلق الدائم بأن مكانك اليوم لك وغداً عليك، وبأن الخطأ الذي سيبدر منك سيُصبِح لصيقاً بك وقد تجده يوماً ما مكتوباً على شاهدة قبرك، مباشرة أسفل اسمك لن يشفع لك حينها منصبك ولا تاريخك ولا علاقاتك، وقد رأينا العديد من الأمثلة عن أخطاء حدثت أو تكشف عنها النقاب؛ فكانت سبباً في تحليق أصحابها الذين كانوا في أعلى المستويات الإدارية عالمياً خارج السرب وعلى الملأ.

هذا الضغط العالي يجعلهم يصلون أعتاب عطلة نهاية الأسبوع وهم في رمقهم الأخير، بحيث لا يمكنهم التفكير بأكثر من الاطلاع على أوضاع أولادهم وأحوالهم أو على أبعد تقدير محاولة ممارسة إحدى الرياضات المحببة في الجبال أو البحار أو الوديان.

لن تُقدمْ السيدة التي استنزفت طاقاتها فعلاً خلال أيام الأسبوع على كتابة لائحة بأسماء المدعوين وأخرى بقائمة الطعام وثالثة بقائمة الحلويات دون أن يكون هناك فعلاً حدث جلل إلا إذا أصابها مَس من الجنون، وحتى عندما يكون هناك حدث جلل فإنها تعتمد الحلول العملية كالاستعانة بالـ (كيترينغ) أو بحفلات الشواء.. أما أن تقضي صباحات العطل في تحضير أطباق الطعام الصعبة ودعوة الأصدقاء إليها فهذا يعد هنا من مشتقات الخيال، وبدلاً من ذلك تجدهم يجزون عشبهم، يحتسون قهوتهم، يلتهمون كتبهم، ويقضون مع بعضهم أوقاتًا عائلية سعيدة على أنغام وجبات صغيرة خفيفة نصفها مُسبق التحضير.

وهذه الظاهرة إن كانت مؤشراً على شيء فهي مؤشرٌ على حقيقة مفادها أن العمل هنا في معظمه صادق ومن القلب وحتى آخر ذرة ضمير، وهذا ما يجعله مرهِقاً فعلاً، فهو ليس ساعات دوام وبصمة إبهام في أول النهار وآخره فحسب، وينطبق هذا على جميع المستويات بدءاً من البائعة في المتجر، التي تلاحقك بعد نصف ساعة من طلبك للون معين أو مقاس معين لتقول لك «هاي، لدي أخبار سارة، لقد وجدت لك اللون الذي تحب» أو «المقاس الذي يناسبك»، إلى معلمة المدرسة التي تعمل على أدق التفاصيل لتطوير مهارات أحد الطلاب بتقارير وأنشطة وبإصرار على إنجاز المهمة بشكلٍ قد يعجز أهل الطالب نفسهم عنه، وأخيراً حتى الطبيب الذي يسجل كل كلمة تقولها عن تجربتك ليقيم عنها بحثاً علمياً قد يكون سبباً يوماً ما في تطوير دواء أو اختراع علاج.

كيف يمكن لهؤلاء أن يستنزفوا ما تبقى من طاقاتهم بدعوات غداء وعشاء؟ لا يمكن طبعاً أن تكون عطلتهم إلا عطلاً حقيقية بمعنى الاسترخاء والاستعداد للبدء من جديد..

تجدر الإشارة إلى أنني بدأتُ أميل إلى الاعتقاد بأن قدرات المرأة المشرقية تكاد تفوق قدرات أي امرأة أخرى.

فهي تنتمي إلى المطبخ الأصعب عالمياً، وبحكم هذا الانتماء تجدها مضطرة إلى تحضير أنواع الطعام المتعارف عليها في هذا المطبخ، أنواع الطعام الأصعب والتي تحتاج وقتاً وجهداً أكثر بكثير مما تحتاجه أنواع الطعام في المطابخ الأخرى، وإذا استطعنا يوماً ما أن نصل بإحصاءاتنا إلى حد يمكننا من معرفة عدد الساعات التي تقضيها المرأة المشرقية في إعداد الطعام ونسبتها قياساً إلى عمرها كله ستكون الأرقام مفاجئة والصدمة كبيرة.

علقت إحدى الصديقات هنا عندما تعرفت عن كثب على أحد أطباقنا المشهورة وعلى الوقت الذي قضيته في إعداده فقالت: «كيف يمكن لمن تملك عينك وقلمك أن تحرق أكثر من نصف يومها لوضع قدر على النار؟ كم صفحة كنت كتبت بدلاً من تحضير قدر الطعام هذا؟»، ثم استدركت قائلة: «لا أخفيك يا عزيزتي لم أذق في حياتي طعاماً شهياً كهذا»

شجرةُ الميلاد

هي شجرة الميلاد تُعلن بأضوائها الراقصة اقتراب رحيل عام، واقترب مخاض عام جديد..

هي شجرة الميلاد تتربع وسط عروش ساحات المدن، أعلى قمم قلوب الأوطان المنسية على امتداد القارات دون تاج ودون صولجان.

نعلق خلف زينتها آمالنا.. ونصوغ أقدارنا المكتوبة على جبينها بآيات وابتهالات وأمنيات.. ننثر أحلامنا بجانب عربات تقودها غزلان ديسمبر فوق ثلج منهك القوى لكنه لا يزال ناصع البياض...

تطل شجرة الميلاد خضراء شامخة من وراء كل الشرفات..

تطل على هدوء ضوء الشموع ووقع الترانيم لتغسل آثام الطغاة.. ولتهمس في آذانهم معزوفة لحن النهاية، وتبشرهم بأن الله الذي نسوه على مذبح شرورهم الطاهرة وأكاذيبهم المتشحة بالبياض لم ولا ولن ينساهم..

تطل الشجرة فيجدد الحزن أناقته ويلبس حلة الـ (سموكنغ) البهية مجدداً، عقد شبابه في زوايا أرواحنا..

تطل الشجرة فتلمع عيون التجار جشعاً وهم يبيعون لنا عيداً يتيماً لا يشبه الأعياد.. عاجزين عن أن يدركوا بأننا بتنا نصنع أعيادنا بأيدينا في غفلة منهم ومن كل التقاويم والرزنامات.

تطل الشجرة لتذكرنا بأننا مرة أخرى ودوناً عن كل المرات نحجز تذكرة سفرنا على أرق خطوط الطيران، وبالدرجة الأولى فتبدع أرواحنا بالإقلاع، وتخفق بالهبوط.

هي شجرة الميلاد التي تبدع بخلط دخان مداخن القرميد المنبعث من بيوت الفقراء مع ذلك المنبعث من بيوت الأغنياء.. فتتشكل أجمل الغيمات ويمتزج دون مزج طحين الفقراء بخبز الأغنياء؛ فتتوحد آيات الصلاة النقية على كل الشفاه.

هي الشجرة رمز الحياة الناجية من الموت ومن صداع الخيبات والتهاب العثرات والمطبات..

هي الشجرة تعلن بداية سباق حواجز جديد بخيلٍ أصيل ينتشي بالطريق كما بالوصول وببهجة النهايات....

ما أندر الخيل الحقيقي الأصيل القابع في الظل!
وما أكثر الأضواء الزائفة المعلقة على أغصان أشجار الميلاد!

طواويس!

تَتكرّرُ المشاهد الحضارية كل يومٍ لتزيد مِن حسرتنا على الواقعِ الذي آل إليه حاضرنا مقارنةً بالماضي المجيد، الفائض بالقصص العظيمة، التي ملأت آذاننا خلال فترة نشأتنا الأولى...

كما أنها تتكرر لتزيد مِن إصرارنا على التغيير، أو على الأقل إحداثُ فارقٍ بسيط يميزنا مبدئياً، وقد يتعاظم يوماً ما ليصنع فارقًا حقيقيًا كبير...

ما هُوَ سِر بساطتهم؟ ما هو سِر تواضعهم؟

ما هي خَلطة الدواء السحرية التي جعلتهم يتصرفون بمعزلٍ عن مناصبِهم وبتجرد عن كل الأبحاث التي قدموها أو حتى الأصفار التي تتقدم حساباتهم البنكية؟

المناصب هنا مناصب حقيقية.. أي أن المنصب عالي إدارياً بحد ذاته..

وضمن منظومات ومؤسسات عالية الشأن ومصنفة عالمياً.

ولأن العمل التطوعي الاجتماعي هنا من أساسيات الحياة؛ فإنك تجد أساتذة أشهر الجامعات عالمياً أو أطباء ورؤساء أقسام أهم المستشفيات العالمية، أو حتى موظفي الأمم المتحدة الكبار يقضون عطلات نهاية الأسبوع في الخدمة الاجتماعية مبتسمين ومستعدين لكل أنواع الخدمة الإنسانية، بدءاً من الوقوف في زوايا الطرقات لتوزيع المياه المعدنية على فريق رياضي يركض في شوارع المدينة، وحتى تنظيف المكان بعد حفل خيري أُقيمَ لبَث الفرح في قلوب ذوي الاحتياجات الخاصة..

حتى الـ (CEO) الذين يحتلون قمة الهرم الإداري تجدهم في قمة التواضع وفي منتهى البساطة.. يتصرفون بتلقائية وبعفوية، (يعني ما مطعوجين ولا طعجة ولا مبخوخين ولا بخة نشا).

يدركون تماماً أنهم أهم من المنصب الذي شغلوه، وأنهم وصلوا إليه بجهدهم وليس برسالة تزكية، ويستطيعون مرةً أخرى الوصول لغيره.. ولهذا تجدهم يعتذرون إذا تأخروا عن مواعيدهم.

لا يلوحون بساعاتهم الثمينة ولا يمشون وراء حقائبهم الباهظة.. ويفتحون أبواب سياراتهم بأنفسهم!

وعلى الطرف الآخر أيضاً لا أحد يتملقهم، ولا أحد يتسابق لخدمتهم، ولا أحد يزايد بابتسامةٍ واحدة فوق ما يتطلبه الموقف، أو يتشدق بمجاملةٍ سمجة لا محل لها من الإعراب.

المعادلة صحيحة من الطرفين، ولا تعاني من أي خلل.. معادلة أخلاقية سليمة يتكئ عليها الجميع ليرتقي ويرتقي.

وإذا عدنا إلى مجتمعاتنا لنتحدث عن مناصب أقل من تلك بكثير.. وعن خبرات متواضعة، وعن أبحاث تكاد تكون مقتبسة، أو حتى مسروقة!

لوجدناهم يترددون في قول صباح الخير.. ويبقون واقفين حتى ينتبه إليهم أحد المتملقين فيجلسهم في الصف الأمامي.. أو على المائدة الرئيسية.

يقتصدون بكلماتهم وكأنها جواهر ويتفوهون بها من زاوية الفم السفلى! ويتبرعون بابتساماتهم بوصول استلام!

كم أتمنى أن تزدهر جراحات تجميل النفوس على قدر ازدهار جراحات تجميل الأشكال؛

فنحن نحتاج إلى جراحات لتكبير القلوب، ولشفط مركبات النقص، ولنفخ الضمائر المنكمشة الهزيلة، ولشد ارتخاء العقول.

متى سيحين وقت الفطام؟! فتُفطم مجتمعاتنا من أمراضها.. وتبلغ في وعيها مرحلة العقول الوسيمة التي تنافس في جمالها مرحلة الأجسام الوسيمة!

أجمل الناس قدراً من لا يرى قدره.

وأكثر الناس تواضعاً من لا يرى فضله.

وأقرب الناس إلى الله من ينفع الناس.

خَريف

تساءلتُ وأنا أناظر مشاهد الخريف البديعة..

تُرى كيف تقاسمت الأشجار ألوانها؟

وكيف تشاركت الدرجات والمساحات؟

هل حجزت هذه الألوان قبل عام من الآن؟

في الخريف الماضي مثلاً!

هل هناك أي أفضلية للأقدم؟ أو للأجمل؟

أي مذكرة تفاهم اتَّبعت حتى توصلت إلى هذه الصورة؟

أي قسمة شرعية؟ وأي صيغة قانونية؟

ها هو الليلكي يغلب هنا!

لا، هو الأصفر يتصدر المشهد..

وذلك الأحمر يطل خجولاً..

يبدو أن البرتقالي هو سيد الموقف!

والكل فرِح.. متفائل.. بالرغم من يقينه بقدوم الشتاء!

هي القسمة الإلهية وحدها القادرة على إبداع مثل هذه اللوحة.

ليتنا نفهم أبجدية الأشجار!

ليتنا نتعلم في مدرسة الأشجار.

فيرضى كل منا بلونه.. ويقنع بنصيبه.

يتّبع مذهب الأشجار.. ويؤمن بأن ما جاءه هو الأفضل..

ينصهر مع نفسه.. ويتصالح معها..

ويبقى شامخاً.. فخوراً.. سعيداً بها..

لا تتعبه ألوان الآخرين..

ولا ترهقه درجاتها.

سنصبِحُ أرقَّ.. أسعَد..
وأقوَى

عندما **نتخلى** عن ثقافة شَطب الآخر وندرك أن العالم كبير ويتسع لي ولَك.. لديانتي وديانتك، لفكري وفكرك.

عندما **نتخلى** عن ثقافة الكَيل بمكيالين وندرك أن لبعض المفاهيم كالحرية مثلاً معنى شمولي ينطبق على الجميع بدون استثناء، ويبدأ من ذات الشخص..

عندما **نبحث** داخل أولادنا مبكراً عن ما يميزهم مهما كان.. كتابة.. رسماً.. موسيقى.. رياضة.. أي موهبة تميزهم، ونعمل على صقلها وتطويرها، وندرك أن الدرجات المدرسية ليست طريق النجاح الوحيد.

عندما **نعتني** بالاختصاص وبالتدريب..

عندما **نوجّه** محرك البحث إلى داخلنا قدر ما نوجهه إلى محيطنا الخارجي..

عندما **نؤمن** بالاختلاف.. نفهمه.. ثم نتميز بالحفاظ على الهوية.

وعندما **نُدرك** أننا لن نكبر أبداً على التعلم، وأن رياح العِلم قد تهب علينا من أصغر المخلوقات سِناً وقدراً وفي أي مكان..

وأن **النهاية** تبدأ عندما نشعر بأننا أصبحنا خبراء في كل الأمور..

وعندما نصر على اكتشاف ما يسعدنا من الداخل؛ لأن اكتشاف مفاتيح سعادتنا

هو الطريق لاكتشاف مفاتيح صحتنا ونضارتنا وجمالنا الحقيقي.

كُلنا متسوّلين!

لَمْ يعُد التسول حكراً على الفقراء والمساكين..

فكلنا أصبحنا متسولين!

تشكو أرواحنا تصحراً عاطفياً غير مسبوق..

وتعاني جفافاً ووروداً ذابلة..

وتئن من صمتِ عصافير صباحٍ خُرس..

ولا تقوى على التغريد.

هذا التصحر الروحي جعلنا نتسول كلمات الحب والإعجاب، بصورة هنا أو

هناك على صفحات التواصل الاجتماعي...

صورة جميلة لوجوهنا نحرص على ألا يظهر من ورائها أي انعكاس ضوء لأرواحنا

فتظهر تجاعيدها الحقيقية.. وتفضح حقيقتنا.

صورة جميلة بألوان مدروسة وزوايا محددة تضمن لنا قوت يومنا العاطفي.

تسد جوع معدات قلوبنا وتروي عطش حناجر نبضنا.

تماماً كمن يصلي صلاة استسقاءٍ ليهطل المطر!

كلماتٌ وكلماتٌ تتراكم فوق حروفها؛ فتشكّل وجبة حب دسمة، تصارع هشاشة

أرواحنا، وتبني جبل إعجابٍ افتراضي، يرضي غرورنا ويقوي مناعته!

تُرى! تصحُّر هو؟ أم جفاف؟! أم أنني أخطأت التشخيص؟!

ووحدها الغربة.. ما غيرها! هي سبب اهتراء أرواحنا..

الغربة التي تسللت بين كل نفس ونفس..

وتسلقت على كل الأرواح..

وباء العصر المتفشي..

خارج أسوار الأوطان.. أو داخلها..

فلم يعد هناك أي فرق.

تحرّشات!

سرقوا منا كل شيءٍ ولم يبقوا لنا على شيءْ.. جعلوا زمننا زمن التصحر والجفاف والعَوَز بكل المقاييس... حتى الضّحك.. سرقوهُ منا.

فتلك البرامج التي تصنَّف بأنها كوميدية تُهاجم بيوتنا وتقتحم طهر جلساتنا العائلية بكل إسفافها وهبوطها.. توجَّه فيها كل الطاقات والخبرات نحو بوصلة واحدة تتمحور حول الإيحاءات الجنسية والتعابير المبتذلة والجمل الملغومة التي يجوز فيها الوجهان ويجري تفسيرها بحسب نية المتلقي.. هي جملٌ بريئة في ظاهرها وتحمل كل العهر والانحطاط في باطنها، تشابه براءتها براءة أخوة يوسف من دمه؛ فهي لا تحمل أي ألفاظ خارجة ولا تحتوي على أي مشاهد حمراء قد تمنعها الرقابة، ولا تخدش الحياء، لكن جيوبها مليئة بالسم الزُّعاف.

يقدمونها كوجبة ترفيهية بحيث تكون الكرة في ملعب المتلقي فيفسرها كما يشاء...

هذا الطريق الوَعِر الذي مهده عرابو الكوميديا القذرة منذ بضع سنوات زاد معاناتنا وفتحَ لنا جبهةً جديدة للحرب كُنا في غنى عنها؛ فأصبحنا نحاربهم حتى نحافظ على جثة الحياء المتبقية، أو على الأقل حتى نستطيع دفنها؛ فهُم يعملون بكل جد وإخلاص لقتل كل الحياء المتبقي في المجتمع ولصلب جثته والتمثيل بها.

ولا يُمكن لنا لوم هؤلاء أو تحميلهم مسؤولية ما جرى وما يجري؛ لأنهم وجدوا كل ساحات الإعلام مستعدة وبإشارات خضراء لقبول كل أنواع الإسفاف والانحطاط الأخلاقي المغطى بالضحكة الرخيصة، والإيرادات هي الكلمة السحرية الوحيدة الكفيلة بقتل كل ما يعترض طريقها من كلمات سخيفة أخرى كالمصلحة العامة أو الذوق العام.

برامجهم هذه تعزز فلسفة البحث عن البشاعة وتعلم أجيالنا التنقيب في الحاويّات عن أقذر المعاني وأقبح الصور..

تَحضرني مقارنة بسيطة وأنا أكتب هذه الكلمات.. فعندما تمشي امرأة بملابس تكشف أكثر مما تستر في شوارع الغرب، لا أحد يزعجها أو يخترق أمنها بنظرات وكلمات خارجة، وعلى المجتمع أن يقبلها كما هي، وكما أرادت أن تكون؛ لأن عقولهم لم تتربى على فلسفة قلب الصورة للبحث عن البشاعة؛ ولأن عيونهم لم تتقن فن النظر ما وراء القميص وما تحت البنطال؛ فإذا أرادوا البشاعة أو القذارة فلها أماكنها الخاصة يستطيعون ارتيادها والنهب منها كما يشاؤون.

ولكم أن تتخيلوا ذات المرأة بذات الصورة تمشي في شوارعنا.. ولكم أن تتصوروا كم المضايقات والاختراقات التي ستعاني منها.

هم يحددون للقذارة أماكنها وقد يضعون لها شروطاً كالسن القانونية مثلاً.. أما نحن فالقذارة تسير أنهاراً في مجتمعاتنا وتداهمنا من كل الجهات.. تغتال براءة أطفالنا.. وتجبرهم على فك شيفراتها الحمراء قبل الأوان...

وتقيّد الجريمة ضد مجهول.. جريمة تحرش جنسي بمجتمع كامل.

نشرُ غسيل!

يأتون من حيثُ يأتون.. يضعون على وجوههم أحد أقنعة الحضارة بشهادةٍ جامعيةٍ مرموقة، أو بجواز سفرٍ مُحترم، قادر على اختراقِ كل بوابات العالم دون قيدٍ أو شرطٍ.. وينسون أقدامهم حافية!

ثم يجلسون تلك الجلسة السوقية ويتشدقون! ويجودون بالمقارنات والمقاربات كلما سنحت لهم الفرصة أمام الخواجات...

مقارنات عبثية بين بلادنا المتخلفة، بلاد الظلام التي انعدم فيها النظام وسادت الفوضى، وبلاد الحضارات، بلاد النور والتقدم والشمس الساطعة...

يَتحدثون ويُقسمون ويدعمون بالأمثلة الحية المباشرة دون وعيٍ بأنهم بهذا يزيدون الصورة السوداء قتامةً ويرمون في البئر الراكدة حجراً جديداً كنَّا في غنى عَنْه.. ولا يوجد إلا عنوان واحدٍ يليق بالبرنامج المُثير الذي تبرعوا بإخراجه وإنتاجه وتقديمه، ألا وهو (التمثيل بجثة وطن)...

كلنا يعرف الفارق، وكلنا يتألَّم لهذا الفارق.. وكل مشهد حضاري يمر أمام أعيننا يعيدنا إلى هناك.. لنتساءل كم سنة ضوئية نحتاج حتى نرتقي من الداخل.. وحتى نُنَظف كل الشوائب القذرة التي أصبحت هي الأصل وطردَت كل نقيٍ كان فينا، فباتت النظافة دخيلة على مجتمعاتنا وغدَت الحضارة كلمة غيرَ مفهومٍ معناها؟

ألا يعلم هذا المُثقف الواعي الذي يجاهر بعلاقته المشوَّشة بوطنه أنه حفر قبره بيده أمام مُحدِّثه بهذه المقارنات؟! وأنَّ مُحدِّثه لم يعد قادراً على احترامه بعد هذا العرض المثير، وأنَّ حب الوطن الحقيقي هو أول درجات سلم التطور الذي اعتلته هذه المجتمعات المتقدمة فبلغت من الرقي ما بلغت.

في هذا الزمن الذي نعيش، وبعد انتشارنا غير المسبوق في أنحاء المعمورة، علينا أن نكون واعين لما نُصدِّره..

فما نُصدِّره الآن أهم بكثير مما كنا نصدره في السابق مِن قمحٍ أو قطنٍ أو حُبوب...

مِن المؤكد أنه علينا أن نرى عيوبنا، ومن المؤكد أن تشخيص المرض هو أول مراحل علاجه، لكن هذا بحثٌ آخر تماماً، ولا يقع في الخانة التي أتحدث عنها..

أنْ نُدرك محاور ضعفنا لا يعني حقنا بالمجاهرة بها، ولا يبرر نشر غسيلنا الملوث على كل الحبال،

حالنا أشبه بحال الأم التي تدرك عيوب ابنها، فلذة كبدها، وعصارة عمرها تماماً.. لكنها لا تستطيع أبداً المجاهرة بتلك العيوب أمام الغرباء.. وتبقى دائمة البحث عن أي ريحانة فواحة في حديقة أشواكه؛ لترويها فتكبر وتُزهر وتحول كل تلك الأشواك إلى زهور.

واسِطة

نرد لكم إياها بالأفراح!

بقليلٍ من البحثِ والتدقيق يتبين لنا أن معظم البرامج التلفزيونية التي تقوم عليها قنواتنا الفضائية العربية، إذا لم نقل كلها، برامج مُقتبَسة ومُستنسَخة عن برامج أجنبية...

فِكرة مقلَّدة ومكرَّرة.. بتصرُّفٍ لذَرِّ الرماد في العيون، أو بدون تصرف للسهولة ولانعدام أي فكرة مكملة للتطوير...

إفلاس إبداعي وفقر مدقع في الفكر والمواهب، أو في اكتشافها وصقلها – وهذا حديث آخر – سلّمنا به ورفعنا له الراية البيضاء، آخذين في الاعتبار أسباباً كثيرة، اقتصادية وسياسية وتعليمية واجتماعية...

اقتُبِست الفكرة ومُوِّل البرنامج ونجحت الخطة وها هو يُعرض على أهم الشاشات ويحقق أعلى نسب مشاهدات..

برنامج كامل مستنسخ ولا يميزه عن النسخة الأجنبية الأصلية إلا اختلاف اللغة والتقديم.

وهنا تكمُن الطامة الكُبرى.. التقديم! ما هي مشكلتنا مع التقديم؟! وماهي مشكلتنا مع الكاميرا؟! لمَ لا تنسى المذيعة في نصف العالم الشرقي ولو لثانية مكياجها وشعرها وأناقتها؟!

لِمَ لا تتحد مع الورق الموجود أمامها وتنسى طلتها البهية؟!

عندما سرقوا الفكرة وقرروا تطبيقها ألم يتابعوا حلقة أصلية واحدة من حلقات البرنامج ليدركوا نسبة المهنية العالية التي يتمتع بها كل مقدمي البرنامج؟! فهم يتحدون مع الورق ومع المشاهد، ويتصرفون بطبيعية مُطلقة دون تكلفٍ أو زلات لسان.. يضحكون.. يرقصون.. أو يغنون بحِرفية عالية ودون ابتذال أو إيذاء لعين أو لأذن المشاهد..

مزجٌ متقن بين الحرفية والعفوية تشعرك بأنهم يصورون من حديقة منزلهم فهم؛ ينسون تماماً شكلهم، أو على الأقل يتناسون؛ فتصل الرسالة للمشاهد باحترافية عالية وبتلقائية لينة تنسيك أن هناك العشرات ممن صنعوا المشهد يقفون وراء الكاميرات.

من المؤكد أننا نعاني مشكلة ما في مجتمعنا جعلت هذه الظاهرة موجودة ومتفاقمة وبادية للعيان في عصر الصورة الذي نعيش..

حتى في حالة وقوع حادث حريق أو اصطدام كبير على مستوى الدولة تجد المسؤول الذي بادر بالتواجد في مكان الحادث يغامز الكاميرا بعينيه ويطالعها بزوايا مدروسة وكأنها هناك لتصوير أناقته الصباحية أو مِنكبيه العريضين.

أصبح مِن المُخجل في عصر الفضائيات أن تبدو المقدمة في حالة انعدام توازن، انعدام تركيز، وانعدام كل مهارات التواصل.. تنتظر مضيفها حتى ينتهي من حديثه بعيون زائغة ودون أي ربط أو فهم لما يقول لتجود عليه بالسؤال التالي بحركات بدائية مفتعلة دون أن تنتبه أحياناً إلى أن الإجابة على سؤالها الذي حفظته عن ظهر قلب كانت قد وردت خلال الحديث.. وتحت مظلة سؤال سابق.. لكنها مبرمجة دون أي تدبير أو تفكير...

بينما تجد الإعلامية في الطرف الغربي من عالمنا متوقدة الذهن.. متحفزة.. بارعة في الحوار.. تنقض على كل كلمة يتلفظ بها مضيفها بمخالب ناعمة وبحنكة دفعت ثمنها سنين وسنين لتقدم للمشاهدين حواراً غنياً يرسخ في الذاكرة ويحل الألغاز.

لكل قاعدة استثناء.. ومن المؤكد أننا نحظى ببعض مقدمي البرامج الذين يتمتعون بخبرة عالية وبذكاء الحوار والتواصل.. لكنهم قلة نادرة والباقي المتبقي ليس إلا دمىً أنهت دورة كاملة على كل أطباء البوتوكس والتجميل.

وحضرت إلى مقابلة التوظيف في التلفزيون مع شهادة تخرجها وسيرة ذاتية متواضعة رُسِمَت عليها دائرة كبيرة باللون الأحمر كتب داخلها:

«يرجى الموافقة.. مع الشكر.. نرد لكم إياها بالأفراح»

للرفاهية عنوان!

الرفاهية

تلك الكلمة السَّهلة المُمْتِنِعة المُمْتَدَّة على شواطئ المُجتمعات.. أو المَركونة على الرَّف الأعلى للحياة.. يعيش البعضُ ويموت دون أنْ ينالها.. ويعيشُ البعضُ الآخَر كَذبة عُمرِهِ بأنَّهُ نالها.. ويَعْتقد أنه يعاشِرُها كل يومٍ دون أنْ يدري بأنَّهُ لا يزال يبعد عنها مئاتِ الأميالْ.

تبدأُ الرّحلة مع الرّفاهية بمعرفة الإنسان لذَاته، وباكتشافِهِ لأغوار نفسه مبكراً؛ فيُدرِك تماماً ما يُسعدهُ وما يُشْقِيه، وتكون هذه المعرفة بمثابة بوصلة رفاهيته خلال رحلة حياته...

وعلى سبيل المثال، نَجِدُ في المُجتمعات الغربية أنَّ الرفاهية تتعدد بتعدد الأهواء، وتختلف باختلاف ظروف المعيشة وتنوع الخلفيات الاجتماعية، وتأخذ شكل الأحلام والطموحات...

فنرى شخصاً ينفق آلاف الدولارات على دراجة هوائية (بسكليت) ويضيف لها اكسسوارات بمبالغ تكاد لا تُصدقها؛ لأن هوايته أو سعادته تتلخص في ركوب الدراجة خلال عطلة نهاية الأسبوع بين الجبال والوديان.. وفي نفس الوقت نراه يرتدي قميصاً بثمن قد لا يتعدى العشرة دولارات! لا يهم، المهم أن رفاهيته تسير على طريق هوايته.. على طريق سعادته!

وقد تجد عائلة أخرى تدَّخر كل ما يمكن أن تدخرهُ من أجل عطلة نهاية السنة؛ فينفقون آلاف الدولارات في سبعة أيام.. وفي المقابل يركبون طوال العام سيارة لا تتعدى قيمتها تكلفة يوم واحد من أيام عطلتهم.. لا يهم.. المهم أنهم وجدوا طريق رفاهيتهم.. طريق سعادتهم الذي يتمثل في العطل الباهظة...

وبنفس المنظور تصادفُ امرأةً تنفق رفاهيتها على جمالها.. أو على منزلها.. وأخرى مهتمة باقتناء الأشياء الثمينة.. وثالثة تنفق رفاهيتها على الألوان وأدوات الرسم واقتناء اللوحات الفنية؛ لأن الرسم يشكل رفاهيتها ويضمن لها راحة نفسها وسُمُو روحها.

فالمبدأ أنَّ الكل يتبع هواه وينفق رفاهيته في بنك هذا الهوى...

وهذا المبدأ يتعدى كثيراً المنطق المحدود للرفاهية الذي يخيم على مُجتمعاتنا الشرقية؛ حيث تكون الرفاهية عندنا مُستَنْسَخة متماثلة في كل البيوت التي يحالفها الحظ فتقفز فوق حائط حاجاتها الأساسية، وتطرق باب الرفاهية فتجدها للأسف تنفق رفاهيتها على كل شيء وعلى لا شيء...

عملية نسخ كاملة مكررة لكل ما حدث مِن قبل لباقي المجتمع الذي سبق وعرف معنى الرفاهية.. ودون أدنى التفاتةٍ إلى ما يميز الشخص أو إلى الرفاهية بحد ذاتها كمصدر مضمون للسعادة الروحية. فتجدهم يقتنون السيارات الفارهة.. ويشترون المجوهرات الثمينة.. ويرتادون المنتجعات الراقية.. وينفقون وينسخون.. وينسخون وينفقون.. على كل ما يمكن أن يقال عنه أنه رفاهية...! وفي النهاية تسمع منهم عبارة: «لست سعيدة»، أو «لست سعيداً»!

لماذا؟! لأن كل تلك الأموال أنفقت دون وعي لما تحبه النفس وتشتهيه.. أنفقت على رفاهية كاذبة مزورة تقليدية ومقلدة فرضها المجتمع وأرسى قواعدها دون اهتمامٍ باختلاف الأشخاص وتعدد أهوائهم...

بينما تجد الرجل الذي عاد بعد عطلة نهاية الأسبوع منهكاً من رحلته الجبلية البسيطة ممتطياً دراجته الباهظة سعيداً.. تفيض روحه امتلاءً وسمواً.. وكأنه عاد من القمر!

وعلى أتم الاستعداد لبدء أسبوعٍ جديدٍ ورحلة عملٍ جديدة.. يكسب فيها ما يكسب.. وينفق ما يزيد عن حاجته على تطوير دراجة أحلامه.. دراجة رفاهيته.

أدب سيس

المأزق المُعاصر الذي نحاول أن نعيش ونتعايش معه على كل الأصعدة في أيامنا هذه يعتبر نتيجةً لأسباب متعددة.. يبدو لي أن أهمها يتمحور حول أزمة الأخلاق...

أزمة الأخلاق التي بدأنا نستشعر خطورتها في بداياتنا نحن جيل السبعينات... حيث بدأنا نشعر بأن المجتمع يتخلى رويداً رويداً عن روحِه.. ويتنازل ببطءٍ عن أهم مقوماته؛ سعياً نحو أهداف مُستَحدَثة وعلى مبدأ الغاية تبرّر الوسيلة...

أزمَة الأخْلاق تلك لم تكن ناتجة عن نقص في التعليم أبداً، بل هي نتيجة حتمية لنقصٍ في التربية؛ فنقصُ التعليم كان دوماً بريئاً من مشكلة شُح الأخلاق التي أتت على كل شيء ودمرت الأخضر واليابس...

والدليل على هذا أن المجتمع، ومع كل معاناته في بداية القرن العشرين مِن الجهل والأُمية، إلا أنه كان مجتمعاً مؤدباً.. خلوقاً.. أو: (مجتمع متربي) بالمعنى العامي المُتعارف عليه...

أزمة التربية هي التي أدت إلى أزمة الأخلاق؛ فطافت المجتمعات بالعلم والشهادات، وكان هذا الطوفان للأسف يتناسب عكسياً مع الأدب، ومع ثوابت المجتمع الراسخة...

وإذا أردنا توسيع قاعدة البحث والاطلاع، وألقينا نظرة على موروث الشعوب الثقافي أو الفني، لَوَجدْنا كل الإنتاج الحضاري من كتب وقصص ومسرحيات في بدايات هذا القرن كانت على مستوى عالٍ من الرُّقي والجمال...

حتى الأغاني الشعبية التي كانت مِرآة الطبقات المتوسطة والفقيرة كانت راقية.. كلماتها بسيطة.. عَذبة.. ولا تخدش الحياء...

خدش الحياء.. ذلك التعبير الذي أصبح بالياً ولا يناسب عصرنا الحالي بأي حال من الأحوال؛ فقد نسفوه نسفاً واستعاضوا عنه بتعبير تدمير الحياء.. أو قتل الحياء والتمثيل بجثتِه...

ومع العودة إلى البدايات نجد أن البلاد التي تبنَّت النُّظم الشيوعية البالية، والتي كتبت دساتيرها بحبرٍ مسروق عن طريق الاستيلاء على أموال الناس، وَسنَّت القوانين لتجريدهم من حقوقهم ومن أموالهم.. هي التي أرْسَت بدساتيرها هذه وبقوانينها الجائرة معنى الاستيلاء والسرقة، كأساسٍ تُبنَى عليه المُجتمعات وتوزَّع الحقوق.

كان هذا الأساس ضَعيفاً هشاً وهمياً، أوْحى بأنه أنْصَف الناس على المدى القريب، لكنه ظلم أضعاف أضعافهم على المدى البعيد، وَأَرْسَى الظُّلم منارةً وطريق. مسيرةُ السُّم هذه بدَأت بدايةً متواضعة وبجرعات خفيفة هنا وهناك.. شربها البسطاء لاعتقادهم أنها تُمثِّل الدواء.. ثم انتَشرَت وتمكَّنَت مِن كل ما كان راقٍ.. وكل ما كان بسيط وجميل...

سمٌّ زُعافٌ شلَّ حركة الضمير.. تحوَّل به الجميعُ إلى شَيطانٍ أخْرَس.. وَسَجَنَ كُل الشَّرائع في قفص.. أقفَل عليها الباب الحديدي، وألقى المفتاح في عرضِ البحر...!

وقد قال أحمد شوقي[5]:

فأَقِم عليهِم مأتماً وعويلاً	وإذا أُصيبَ القومُ في أخلاقِهِم

---

[5] أحمد شوقي علي أحمد شوقي بك (16 أكتوبر 1868 – 14 أكتوبر 1932)، كاتب وشاعر مصري، يُعد من أعظم شعراء العربية في العصور الحديثة، يلقب بـ«أمير الشعراء».

العطاءُ لا يُبرِّر الإلغاءَ

مساحةٌ صغيرةٌ في العلاقات الأسرية أثارت اهتمامي في الغرب.. وأحببتُ أن أسلّط عليها الضوء، بالمقارنة مع مثيلتها في عالمنا الشرقي..

علاقةُ الحماة بالكِنة في المجتمع الغربي تكاد تكون مثالية في مجملها، مع الاعتراف أن لكل قاعدة استثناء، لكن علاقاتهم راقية، أشبه بفستان (هوت كوتور) موقع من إحدى أشهر بيوتات الأزياء.. كل درزاته متقنة، مدروسة، جميلة.. وباطنهُ يشبه ظاهره.

وهذا لم يأتِ بالصدفة أو مِن العدم؛ فأسباب هذا الجمال في العلاقة كثيرة، مما يندرج تحت بنود احترام حرية الغير ومسافة الأمان والإيمان بالاختلاف....

إلا أن السبب الأهم يتمثل في كون الأم عندما أعطت أسرتها وبذلت من روحها وربت أولادها.. لم تلغِ نفسها، ولم تتخلى عن أحلامها، ولم تتفنن في شطب كيانها.. ولم تذُب فكرياً ووجودياً مع كل قطعة سكر قدمتها لعائلتها فذابت في فمهم، بل بقيت موجودة وأبقت على كل مساحاتها....

أبقت على اهتماماتها وطموحاتها، ولم يلهِها الركض وراء أحلامهم مِن أن تحبو وراء أحلامها، وأدركت تماماً أن الوقت الذي تعطيه لنفسها ليس خيانةً لوقت أولادها، ولا هو طعنة في ظهر الأمومة بخنجر الأنانية واللامبالاة.. بل على العكس؛ فإن وجود الأم الناجحة التي حققت ذاتها وجربت تحقيق أحلامها يُعد منارة للجميع

ويقوي أساساتها على أرض العائلة؛ لأن تجربتها تغدق عليها اقتناعهم برؤيتها في الحياة واحترامهم لمنهجها وهذا يعزز الحب الفطري في قلوبهم لها كأم ويضيف إليه الكثير.. الكثير.

ويجعل وجودها في رأسهم وقلبهم، ليس فقط في قلبهم؛ فالمرأة التي أشغلت نفسها بخارطة أحلامها وبمراقبة خطها البياني صعوداً وهبوطاً، ستتفهم تماماً أن تلك المرأة الجديدة (الكنة) لها الحق في اختيار أسلوب حياتها.. وأنها لم تسرق ابنها، وأن ابنها لا يملكه أحد.. هو يملك نفسه وتملكه الحياة كما قال جبران! وستأبى التدخل والدخول في كل صغيرة وكبيرة، وستفرد سجادة الحرية والاستقلالية التي وقفت هي عليها تحت أقدام الجميع ليقفوا بجانبها عليها.

وهذا على عكس ما يحصل في مجتمعاتنا الشرقية من فراغٍ وانتظارٍ يساعدان على اقتحام حياة الأولاد الجديدة؛ فتبدأ المشكلات وتتعقد العلاقات...

من المؤكد أن نجاح الأولاد وصلاحهم هو الرسالة الأسمى للمرأة عندما تكون أماً، إلا أن التفكير في ذلك اليوم الذي ستجد فيه نفسها وحيدة وكلٌّ منهمك بحياته أصبح من الضرورة بمكان.. وهو الدافع الأول للبدء من الآن بنسج سجادة حريرية ظاهرها مثل باطنها، تتداخل ألوانها وتتماسك دون أن يَطغى لون على الآخر.. ليقف عليها الجميع مترابطين غير متشابكين.

لقاحات

أذكر أنه عندما بلغ أولادي الثانية عشرة من العُمْر، وضعتُ إشارةً حمراء على دفاتر لقاحاتهم؛ لأتذكر بأن المهمة قد أُنجِزَت، وبأنني في حل من مواعيد الأطباء لاستكمال جرعات اللقاحات. كنت سعيدة بأنني تحررت من إحدى أهم مسؤولياتي كأم...

ومع خبرات السنين، ومع جنون العصر الذي نعيش، اكتشفتُ أن المهمة لم تنتهِ بعد، وبأنني كنت واهِمة، وأن دفتر اللقاحات لا زال يحتوي الكثير من الخانات الفارغة التي يتوجب عليَّ ملؤها. وأنَّ المهمة أصعبُ مما اعتقدتُ...

وقد تتعدى بكثير التلقيح ضد عددٍ محددٍ من الأمراض التي كانت قد أوْصَت بها مُنظَّمة الصحة العالمية.. بل إن المهمة تتعقد يوماً بعد يوم!

فأنْ تجمع كل خبراتك وخبرات من حولك وكل الأحداث والعبرات وكل دروس ومعادلات الحياة الصعبة السهلة.. كل القصص المضحكة والمبكية عبر التاريخ والحاضر.. أن تجمعها كلها وتخزنها كما يخزن اللقاح في مستودع (سيرانغ) إبرة، ويكون هذا اللقاح جاهزاً في كل الأوقات بعد أن تضبط تركيزه ومقداره وحجمه؛ لتحقن أولادك به كلما سنحت لك الفرصة، وبطرق عديدة ذكية ومناسبة...

قد تكون على مائدة الغداء، أو على متن طائرة.. برسالة على هواتفهم، أو تعليقاً على فيلم سينمائي.

عملٌ مستمر دؤوب، بأعينٍ تكاد لا تنام، وبعين الله السَّاهرة، حتى نحقق فيهم تلك المعادلة الكيميائية الحياتية التي تقويهم وتزيد من مناعتهم في أيامهم الصعبة.. أن نقويهم دون أن نكسرهم..

أن..

نملأ أرواحهم دون أن نفسد نفوسهم..

أن يعتمدوا على الله.. وأن يبادروا بالسعي..

أن يعتمدوا على أنفسهم.. وأن يطلعونا على مشاكلهم..

أن يتيقنوا بأن الحق قادم وإن كبرت مساحات الظلم..

أن يتخذوا قراراتهم ويسألوننا مشورتنا..

أن يستمتعوا بحياتهم.. ويجولوا العالم دون أن يرتكبوا المعاصي؛ لأن الله في قلوبهم أينما حلوا وكيفما ارتحلوا.

منفتحين متقبلين للغير.. بمبادىء ثابتة.. نفوسهم حُرة كبيرة.. لكنها متواضعة.. رُقيهم حقيقي يخولهم دخول القصور ومعاشرة الملوك بعيداً عن البذخ.

يعون الفارق تماماً بين التواضع والانكسار.. أن يكونوا ناجحين.. ويتفهموا الفشل. يحترمون إحساسهم وعواطفهم ويتبعون عقولهم.. منتمين إلى أوطانهم مقدسين لها رغم كل تيارات التشويه.. يملكون الحُجة والبرهان للدفاع عن أي من مقدساتهم دون السقوط في عتمة التعصب.. مقدرين لنعم الله في وقتها.. منتمين إلى العالم ويشعرون بآلامه.. إنسانيتهم منارتهم.. دون الوقوع في فخ الاستغلال...

صعبةٌ هذه الأيام التي نعيش.. وكاذبةٌ كل المقولات التي تؤكد بأنهم قد كبروا في غفلة من الزمان.. وأصبحوا شباباً وشابات بطرفة عين.. لا.. لقد حولتنا هذه الأيام إلى لقاح.. لقاح لا تنتهي صلاحيته، ولا يفسد.. ولا يفقد فاعليته إلا إذا حصل خطأ في مقدار الجرعة.. أو في التوقيت.

دراما

هل باتت الدراما العربية برعاية الأعداء وبيوت الدعارة والقوادين؟!

هل لا زلنا حتى اليوم نستطيع أنْ نَصِفَ الفَن بأنه رسالة؟! أي رسالةٍ هذه، ومَن كتبها، ولمَن؟!

منذ أكثر من عشر سنوات، وحين بدأت موجة الاضطهاد الأخلاقي المتوَّج بالانحراف المُمَنهج في المسلسلات العربية، بطريقة دَس السّم في العسل، كنت أتساءل دوماً عن أي مجتمع يتحدثون؟ ولماذا لم أصادف يوماً أياً من تلك الشخصيات المنحلّة القذرة التي تزدحم بها مسلسلاتهم؟!

كنتُ أتساءل دوماً كيف وصلت بهم الجرأة أن يشوّهوا حاضراً نحن عشناهُ ونحن لا نزال على قيد الحياة! وذلك بعد أن نجحوا بجدارة في تشويه التاريخ...

في عُرفنا لم تكن يوماً القذارة حرية، ولا كان الانحلال الأخلاقي تطوراً (أو أكابرية)، بل كانت دوماً القذارة قذارة، وكانت رائحتها تزكم الأنوف وتوصد الأبواب.. أما الانحلال الأخلاقي فكان أصلاً خارج أسوار المُجتمع، وغير قابلٍ للتفاوض حتى على الهامش.

مسلسلاتٌ سورية كل ما فيها سوري.. مُمثلين ومخرجين ومنتجين وكُتاب واكسسوارات، إلا قصصها وأخلاقها.. فهي ليست سوريّة.. ليست سوريّة.. ولن تكون.

ما يحدثُ الآن تعدّى تخريب المدن والشوارع والبنى التحتية بكثير.. ما يحدث الآن وصل إلى تخريب سلاسل الـ (DNA) التي تحفظ وجودنا واستمرارنا.

والأخبار التي تصلنا مؤسِفة، وتؤكد بأن هذه الشخصيات التي كنا نعتقد بأنها خيالية باتت حقيقية، والأدهى أنها باتت شخصيات اجتماعية مرموقة يُطلب ودها ووصالها.. أي أنهم استطاعوا قفز كل الحواجز ووصلوا بالخيل الأصيل نحو خط النهاية.. أنهكوا الخيل الأصيل واغتالوه واقفاً كما اعتاد الخيل الأصيل الموت.

بريئةٌ منكم الحضارة والأبجدية ومملكة ماري وراميتا والرصافة وتدمر وعمريت وبصرى...

بريئون منكم الكنعانيون والسومريون والكلدانيون والآشوريون والأمويون والعباسيون...

بريءٌ منكم خالد بن الوليد وعمرو بن العاص ونور الدين الزنكي وصلاح الدين الأيوبي...

بريءٌ منكم البحتري وأبو العلاء المعري وجرير وأبو فراس الحمداني وديك الجن وعمر أبو ريشة ونزار...

بريئةٌ منكم اليرموك وعين جَالُوت..

بريئة منكم كل نفس تجري في عروقها الدماء..

يا من أرقتم الدماء دون دماء..

وسلبتم الشرف دون اغتصاب.

رمضان

مرَّ علينا رمضان بتمرٍ مستورد، وقمر دين مغشوش، وجلاب بلا صنوبر، ومسلسلاتٍ منسوخة ممسوخة باتت كرسائل الشيطان.. لا أدري حقيقةً من المسؤول عن كتابتها ولصق طوابعها، لكنني أعلم بأننا تلقيناها، وفتحناها وقرأناها.. وهذه القراءة باتت مسؤولية لا رفاهية حتى نعرف إلى أين ستأخذنا البوصلة..

وتساءلنا بعد قراءتها عن المطلوب!

المطلوب: خَلق أكبر كمية من المستهلكين لأكبر كمية من الإنتاج بدءاً بعصائر رمضان ووصولاً إلى المبادئ والأفكار، وحتى يتحقق هذا المطلب لا بد من التسطيح والهبوط بالوعي والذائقة إلى أدنى مستوياتها، وهذا ما تبشر به العولمة، الدين الجديد لهذا العصر.

المطلوب أن تكف عن أن تكون آدمياً، فتصبح فئة الأوادم نادرة مهمشة بحاجة لمحمية طبيعية...

المطلوب أن تتكئ النساء على الغنج والدلال لا على الوعي والذكاء، وأن تُصبح الثقة بالجمال الطبيعي بلا مبضع جراح موروثاً بالياً يستحق متحفاً بتذكرة دخول.

المطلوب أن تفهم بأن المثقف بات تحت إمرة الجاهل؛ فتلك النخبة المثقفة التي قرأت أمهات الكتب وتفتح وعيها بين إلياذة وأوديسة وقصيدة حداثة، باتت فئة أقرب إلى التجار، ترهن كل وعيها ونخبويتها لمن يدفع أكثر، فتنتج أعمالاً فنية واهية ضعيفة تزيد الانبطاح انبطاحاً، وتحني الظهر المحني حكماً، كتاجر أغذية فاسدة أو مكياج رخيص يغرر بالمستهلك من أجل حفنة جنيهات.. بينما دور المثقف الحقيقي كان عبر التاريخ بأن يرفع من مستوى الذوق العام، ولو على حسابه، أو أن يعتزل، وهذا أضعف الإيمان.

المطلوب أن تقل مساحة الوعي وتصبح كمقهى مهجور رواده قلائل، يقدم شراب الورد القديم في عصر الجامايكا والبينوكولادا...

المطلوب التصفيق الحار لتحول مسار الدراما العربية التي كانت تقارب المسرح والشعر ثقافة وعظمة وموضوعية بطريقة الطرح والمعالجة إلى هذا المسخ الذي لا طعم له ولا غاية ولا هوية...

مؤلم فعلاً ما نشاهد!

المطلوب الانبهار بقاعدة من السليكون والماركات الفاخرة والخلفيات المدسوسة بدون هدف...

هي لعنة الثلاثين حلقة بكل الحشو للكلمات والمشاهد والعويل حتى تكتمل المهمة وينتهي الشهر الكريم وتحول الشيكات وتمتلئ الجيوب.

المطلوب التسويق لفكرة (الجمهور عاوز كدة) التي لا أؤيدها شخصياً؛ لأن الجمهور يتوجه كما يريد له الإعلام تماماً كالأم التي تعود أطفالها على الطعام الصحي أو (الفاست فود)...

ففي غابر الأيام كانت لدينا قناة واحدة وكنا نستسيغ حتى برنامج الأيدي الماهرة وأرضنا الخضراء وننتظر مجلة التلفزيون مع الراقي مروان صواف ونستمتع بطرائف من العالم مع القدير البجيرمي، وتكاد تفرغ الشوارع من مرتاديها وقت المسلسل البدوي ظهر الجمعة.. هي مسؤولية الإعلام الذي بات بلا وزارات، خاصاً، وليُّهُ الدولار!

المطلوب أن يمر رمضان بلا روحانيات، وأن يفقد جوهره بماراثون المآدب والمسلسلات والعباءات اللا رمضانية والمسابقات والإعلانات والبرامج الحوارية السخيفة القائمة على قال وقلنا بلا مضمون ولا عمق، فيمضي الشهر الأكرم شاحباً، غريباً، بلا تزكية للنفس ولا تنقية للروح.

أحن إلى رمضانٍ قديم، بسجادة صلاة ذاب وبرها من وطء الأقدام، ومسابح أرهقتها التسابيح والأذكار، وفزورة لشريهان بنصف ساعة تعادل كل ما جاؤوا به مجتمعاً بصدقه وعفويته، وكأس قمر الدين لا مغشوش تعصره أيد مباركة تلهث بين دعاء ودعاء.. فتلوذ بقمر الدين رفاهية تتوسط زحمة العبادات؛ فيأتي الكأس مباركاً منعشاً معجوناً بأسماء الله الحسنى، مغمساً بالبركات..

نحتاج إلى لوبي بحجم الكون لنقاوم ما يحدث لنا.

كل عام ونحن عمالقة في الفهم..

وعمالقة في العجز.

مِتربّي على العِز!

تعبير لطالما طرق مسامعنا أيام الطفولة والشباب.. اعتادتهُ آذاننا كما اعتادت تعابيرًا كثيرة دون أن تطلب تفسيراً عميقاً لمعنى كلماته.

تعبير عميق الكُنه أصيل المعنى، يؤكد بأن التربية والعز كانا شرطين لازمَين كافيين يمشيان جنباً إلى جنب على خطين متوازيين لا يمكن أبداً أن يتعارضا...

فلابد للعز إذا تواجد على عتبة أحد البوابات مِن تربيةٍ مرافقة لازمة كافية كي تشذِّب من مخالب هذا العز وتقلِّم أظافره، وتمنع عَنجهيته، وتسحب سجادة الغرور الفارسية التي قد تتكون تحت أقدامه فتُسبب مقتله وتحوله من عزٍ إلى عُرٍ.

واليوم تغيَّرَت الصورة تماماً، بل اكفهرَّت؛ فأصبح العِز لقيطاً مشرداً يتيماً بلا أصلٍ ولا نسب.. والعِز بهذه الصورة يُصبح سرطاناً، بل إنه يشكل أخطر أمراض المجتمع وأشدها فتكاً.

هو بمثابة فيروس قاتل ينتقل بين الأجساد بدون عازل.. عدوى شيطانية بدون قيد أو شرط.

والتفصيل الأشد غرابةً هنا يكمُن في استيعاب المُجتمع لهذا العز اللقيط.. والتعامل معه بمنطقٍ مصالحي خانق، وفساد ثقافي غير مسبوق، وطبقة وُسطى تحتضر مادياً وثقافياً، واستهتارٌ متبادلٌ بالقيَم، وضعفٌ بنيوي في وظيفة الدين ومفهومه، وضياعُ المسافة بين كل شيءٍ وأي شيء، وانعدام الرؤية.

تضخُّم الطبقات الطفيلية هذا على حساب هزال غيرها كفيلٌ بتعبيد المنزلقات الأخيرة نحو قاع القاع.

العز دون تربية بات متوفراً للجميع ممن يوقعون الصفقات المشبوهة لبيع الوطن أو لشرائه.. لا يهم.. وينتشون برائحة الحبر الذي وقعوا به الصفقة.. رائحة شذية لا تسبب لصدروهم الحساسية ولا تصيب أنوفهم بالعطاس.

العز دون تربية بات يشكل قنفذاً عملاقاً ستُدمي أشواكه كل من تبقى وكل ما تبقى، إذا حصل وتبقى شيء.

مُكالَمة

لا أدري إلى متى سنبقى نكنِس أحزانهم بمقشة بالية قديمة، مكسرة أطرافها موجعة قبضتها، حانية للظهر، نلخصها في عبارة يتيمة لا نملك غيرها، تتمثل في: «العمر إلك»، عبر أثير هاتف لعين يختصر أيامنا، لتعبر الكلمات فوق جسر وجع السنين وألم الفقد وهواجس التعب والاغتراب.

فقدٌ وراء فقدْ.. أسماءٌ نسمع بأنها رحلت.. هي ليست مجرد أسماء على هاتفنا، هم شركاؤنا في الروح والوجدان ومساند العمر الجميل، هم شركاؤنا في قطع الحلوى عندما أطفأنا شموع سنواتنا معاً وجلجلت الضحكات محلقة بِنَا، ثم ابتعدنا وابتعدوا، وبقى طعم الحلوى الذي يرهق أيامنا فلا يماثله طعم.

في كل مرة نسمع خبراً حزيناً.. تقودنا أقدامنا إلى غرفة الملابس، يتمرد الحلم فيجبر أيدينا على أن تتناول قميصاً حريرياً ناصع البياض كما أيامنا معهم، وبنطالًا أسودَ يليق بمن رحلوا، وبعشرة العمر الحزين وبغالي السنوات...

تُخرجه الأيدي من الخزانة، حالمة بأنها سترتديه وستذهب إلى العزاء، ستتناول مسبحة عقيق وستسبح هناك.. تضعه على السرير، تتأمله.. ثم يرن الهاتف الفاجر مُوَلْوِلاً.. لتستيقظ الأيدي الحزينة من حلمها، ولتدرك بأنها لن تلبس القميص الحريري الناصع البياض، ولا البنطال.. وبأنها لن تذهب إلى العزاء.. وبأنها أيدي

عاجزة منفية لا تملك في الحقيقة إلا هاتفاً.. ورقماً طويلاً، طويل.. والعبارة اليتيمة ذاتها.. بلا قبلات ولا أحضان ولا مجرى يوحد الدموع.

أيدي مسكينة، مسامها مشتاقة فقيرة، وتملك فقط عبارة «العمر إلك»، عبر أثير هاتفٍ لعين.

حِزبٌ جديد

أفكّر في إنشاء حزب جديد..

قد مللت من كل الأحزاب وشعاراتها ورموزها وأيديولوجياتها. أريد حزباً أنثوياً أيقونياً خطيراً...!

خطر لي أن يكون الحزب الجديد باسم (حزب السيليكون)!

الكل اليوم يحب النفخ وسينتمي إليه صاغراً أو مرغماً.. السيليكون اليوم أحد أهم لغات العصر.. وسلم كهربائي رخامي للصاعدات على أكتاف الهابطات.

هو اليوم يؤكد انتصار الجغرافيا على حساب التاريخ.. واحتمالات فوزه في الانتخابات تتخطى كل قواعد علم الإحصاء والخوارزميات.

لكن، ماذا لو فقع الحزب يوماً ما في وجهي ووجه كل الأعضاء والعضوات؟ هل يمكن له أن يستمر حزباً مفقوعاً بعد أن كان فاقعاً؟ وإنما القراءات بالنيات!

عدلت تماماً عن الفكرة.. وترحمتُ عليها.. وترحمت أيضاً على سيد شعر المرأة نزار وأنا أتساءل: (أتُراه هل كان سيكتب ما كَتب عن الرمش والخد والنهد والمهد واللحد لو أنه عاصر أيامنا السيليكونية؟!) أم أنه كان سيصاب بالأنوراكسيا ويصبح بلا شهية؟!

أرعبتني الفكرة وأتعبتني.. وحمدت الله وشكرته أنه ما كان هناك سيليكوناً على أيام نزار.. بل كانت على أيامه الحقيقة بكامل وعيها.. وكانت على أيامه أيضاً عروبة وفلسطين.

عُنصريّة

عنصرية الغرب أنا أعرفها جيداً.. لكن ماذا عن العنصرية في بلادكم؟

حدثيني عنها سيدتي..

كيف أرسيتم قواعدها؟

كيف تكون العنصرية بلا ألوان؟!

بلا أبيضٍ وأسود!

عنصريتنا يا صديقي هي في الظاهر بلا ألوان..

لكنها في الحقيقة بكل الألوان..

بكل الأطياف والدرجات..

نحن أبوها للعنصرية!

وأمها وأخوالها وأعمامها وكل الأقارب وصلات الرحم.

نُرسي قواعدها بكل السّبل..

ونعرفها جيداً..

حيناً مُغطاة وحيناً مكشوف رأسها..

حيناً تحمل أعلى الشهادات وحيناً جاهلة..

حيناً تتكلم بكل اللغات وحيناً خرساء..

حيناً طفلة تحبو وحيناً تقف على شرفات الكهولة..

حيناً مُحدثة نعمة وحيناً معتقة أصالتها..

حيناً طابوراً وجماعات وحيناً أفراد.

نحن تاجها ونعلها.. للعنصرية!

نحن حبرها وقلمها وكل علامات الترقيم.. للعنصرية!

نحن قفلها ومفتاحها.. للعنصرية!

نحن شمسها وهواؤها وترابها.. للعنصرية!

نربيها بذرة صغيرة بكل الجهل واللاوعي..

والحب!

وتكبر فينا لنصغر فيها..

لتُخْرجَ مآذننا وقبب كنائسنا..

ليندى جبيننا ونتلعثم..

مع كل ما نتشدق به من الحضارة والمتحضرين..

والعلم والمتعلمين..

والبررة والأنقياء والأتقياء والصالحين..

أمام مثل هكذا سؤال!

أساسات

بعد غربةٍ طويلة في جميع الاتجاهات، وصولات وجولات ومطبات وانحناءات، وعلاقات وصداقات ووجوه وأشباه وجوه، وابتساماتٍ بطعم قهرِ أوطان وصدى ضحكات، بعد أعيادٍ بلا تكبير ولا حلويات، بعد نورٍ بهيئة ظلام وجهل بقالب علم وكل البدايات والنهايات، وخناجر بعضها منقوع بالسم قوَّى عودنا أكثر، وبعضها منقوع بماء الورد هاجم مآقينا فأسال دمعنا والعبرات.

اكتشفتُ أن لكلٍ منا قاعدة أساسات..

قاعدةُ بياناتٍ معقَّدة متشعبة، وغير مرئية، تكمُن في قاع وجداننا خلف كل التفاصيل والأيام والسنوات. أساسٌ نقف عليه دون أن نلحظه أو نلمّعه أو ننظِّفه من الشوائب والعلقات، أساسٌ كل منا يملك نوعاً من أنواعه، لوناً من ألوانه، أو طيفاً من أطيافه، لا نغادر بيئتنا الأصلية ودائرتنا الأولى إلا ويكون قد اكتمل، أو حتى لم يكتمل، لكنه جاهز وعلى أتم الاستعداد ليسافر معنا كل الأميال والمسافات.

وهنا يكمن الفارق؛ فكلما كانت هذه القاعدة غنية، مليئة، قادرة وواعية، كلما استطعنا أن نواجه أكثر مصاعب وأشواك الحياة.

هي قاعدة يثقل حملها أحياناً، ونتمنى أحياناً أخرى بأنها ما كانت، نتعب، ويُهيأ لنا بأن حياتنا كانت ستكون أسهل بلا قواعد ولا بيانات، لكننا -ومع تعاظم الخبرات- ندرك يقيناً بأنها سر تميزنا، وسر كل النجاحات، وسر حتى الإخفاقات التي حولناها بزخم قاعدتنا إلى انتصارات.

قاعدة أساسات هي المرجع دائماً، هي القاموس والكلمات، تجعلك شامخاً غصباً عنك، لا تبالي بما قالوا، ولا بما فعلوا، ولا بربيعٍ متأخر، ولا بضمور للغمازات، لا تبالي بغول الأيام يضيف أعماراً إلى عمرك، ولا بضمور عرائش الياسمين وحزن الغاردينيا وأنين الفلَّات..

قاعدة أساسات كلما غِبت أو غابَت، أو تعِبتَ واخترتَ أن تتركها غير آسف

ومشيت الطريق

وصلت..

فوجدتَها في انتظارك هناك!

عَرْض بَالِيه

بينما يتابع العالم مسيرته نحو مزيدٍ من التقدم والانفتاح والانصهار بجسد واحد مع كل ما هو حضاري ومتطور، تتابع شعوبنا مسيرتها نحو مزيد من القمع والانحطاط والانصهار بجسد واحد مع كل ما هو متخلف وجاهل ولا أخلاقي.

متابعتي لإحدى عروض الباليه الشهيرة نقلني رغماً عني إلى وطني الجريح، حالي كحال الأم التي تغص لوجود أولادها إذا غابوا عنها وحدث أن تذوقت أي نكهة من نكهات البهجة بمعزل عن وجودهم...

أذكر أنني حضرت عرضاً مشابهاً على مسرح البولشوي الروسي في مدينة موسكو في نهاية الثمانينات، إلا أنني وقتها استمتعت كثيراً بالعرض ولم أشعر بتلك الغصة الحارقة لوطني.

وتساءلت لماذا تم منع مثل هذه الأنواع من الفنون الراقية عن مجتمعاتنا؟

ولماذا لم يكتفوا بقمع الحريات بكل ما يحتوي من معانٍ سادية متمثلة بشطب الآخر والفساد والإفساد وترويج ثقافة الشيطنة؟! بل أضافوا إليه أيضاً قمعاً من نوع آخر أخطر وأعمق وأشد أثراً متمثلاً بقمع الفن والفكر والإبداع!

لماذا تَرَكُوا لنا مساحات قذرة للإبداع المتدني نحو القاع متمثلة بالبرامج اللا أخلاقية واصطياد الهفوات والزلات والتهكم السافر والمسرحيات التي تتبارى في كم

الإيحاءات الجنسية المتداولة لاغتصاب ضحكات عاهرة لا تليق بمبادئنا أو بقيم باتت رثة كنا قد نشأنا عليها؟!

أتراهم رُعبوا من زي رقص الباليه الفاجر؟ وخافوا من أن يؤثر هذا النوع من الفنون اللا أخلاقية على أخلاق الشعب المصونة فينحدر بها إلى غياهب الفسق ومستنقعات الفجور؟!

ها نحن قد وصلنا إلى قاع القاع وبدون عروض رقص الباليه السافرة! ها نحن قد تربعنا على عروش الانحطاط والظلام بدون عروض رقص الباليه الفاسدة المفسدة، وزيارة خاطفة لأي منشور يحمل جدلاً ما، وقراءة التعليقات غير المسبوقة انحطاطاً والمدونة أسفل البوست تعكس حقيقة الانهيار الأخلاقي الديني الحضاري الإنساني المعتم المتفشي الممنهج الذي بتنا نعاني منه.

هل كان بإمكان زي الباليه الفاجر أن يأخذنا إلى أسفل مما نحن فيه الآن؟!

سؤال سرمدي يحلق بي بصحبة إجابات حالمة افتراضية تأخذني إلى عالم الخيال المقهور.

فهل من الممكن في المستقبل البعيد أن أرى داراً للأوبرا متوسطة مدينتي الجميلة التي تليق بكل الفنون وتليق بها كل الفنون؟

هل من الممكن أن تستطيع الأسرة بأكملها ارتياد عروض رقص الباليه في العلن بدلاً من ارتياد رب الأسرة وحده النوادي الليلية الموبوءة في السر؟

وهل من الممكن أن يتذوق يوماً ما شعبي جمال عرض رقص الباليه ويركزون على انسياب القصة المعروضة بدلاً من التركيز على انسياب الساقين الراقصتين وجمال وامتشاق الفخذين؟

وهَل من الممكن أخيراً أن تنعم مدينتي الجميلة بعرضٍ خلاب لرقص الباليه دون أن تمتلىء أرضية الصالة بقشورٍ لكل البذور التي خلقها الله؟ ودون أن يغطي الوهج

المنبعث من فحم النراجيل الذي يملأ صالة الحضور على الوهج المنبعث من المسرح؟ ودون أن يعلو صوت أحدهم على صوت الموسيقى الآسرة منادياً «نارة يا ولد»؟!

متاحف

مَن اتخذ القرار باسم التاريخ بأن المتاحف تقام حصراً من أجل الجمال لا من أجل البشاعات؟!

مِن أجل التحف العظيمة واللوحات الثمينة والمقتنيات الأثرية؟ وبأن المتاحف تقام فقط على شرف التاريخ وبقاياه ومخلفاته؟

مَن قال بأن الحاضر هو الآخر لا يستحق متحفاً؟! ومن قال بأن اللحظات التي تراكمت فصنعت عمرنا، وكل البدايات والنهايات والمقاومات والهزات والارتدادات، والصغائر والكبائر والحروف الراقصة على جمر وجثث الكلمات، وبعض الحرام وكل الحلالات، والحماقات والخيانات ودقات القلب المتسارعة دون داع، ودون وداع، والنبض الغبي المستمر دون توقف..

من قال بأنها لا تستحق كلها متحفاً وصالات؟! ومَن قال بأن الهفوات التي غفرناها قبل صدور اعتذار رسمي بشأنها، وسددنا فواتيرها طوعاً بقرض مدى العمر وبلا فوائد من بنك الغفران المركزي بفرعه القابع شمال أغلى الأيام لا تستحق هي الأخرى بأن تكون معروضة في قاعة (كاترين دي ميديشي) في متحف اللوفر الباريسي وبالقرب من لوحة المموناليزا لليوناردو؟

ومَن قال بأن فلسفة التطبيع التي نمارسها بحنكة مع أشباه الأصدقاء وأشباه الصباحات وأشباه المساءات وأشباه النكهات وأشباه الضحكات وأشباه المدن

والشواطئ والنجوم والسماوات، ومع كل الصور الممسوخة التي نعاني من وجود نسخها الأصلية الكاملة ممهورة على سجادة وجداننا العتيقة، لا تستحق بأن تكون في قاعة تاريخ الطبع والتصوير والتحليل في المتحف البريطاني العريق؟

مَن قال بأن تطور تفاعل الإنسان مع أعاصير الجراحات واللقاءات والوداعات والمسافات والطائرات والمطارات والبصمات وقوالب الحلوى وصغار الأوركيدات، والسرعة في فك الأوثاق وتحويل عظيم الحبال إلى ربطات عنق أنيقة بأفخر الطبعات؛ لتعلوها حكماً زيف الابتسامات وتمرير قلم الكحل الفاخر وسط تسونامي الدمعات...

لا تستحق كلها بأن تكون منسقة في ذات المتحف البريطاني القابع وسط مدينة الضباب في قسم علم السلالات البشرية وتطورها خلال مراحل الحياة؟

أما الأرواح بثقوب سوداء كبيرة وصغيرة والتي تحولت بثقوبها لأرواح هاربة من القانون بتهمة تبييض الأرواح، أرواح غنية بأصفار كثيرة.. أرواحٌ بكعب عال، بات قادراً على سحق أية عثرات وكل أنواع المطبات، أرواح بنَت لها تلك الثقوب السوداء ركائز ونسجت دعامات وخاطت لها مساند فَعَلَتْ.. وارتفعت.. وباتت تطل من عليائها على فقراء الأرواح الذين ما اختبروا صداقة الثقوب ولا تذوقوا استقبال رسائل الله عبر وجودها...

فتلك الأخرى تستحق العرض في متحف كمتحف (الميتروبوليتان) في نيويورك، في الجناح الأشهر الذي يحكي قصة تطور الأزياء عبر الأزمنة والحقبات.

أما أهوال أوطاننا وقهر رجالنا والماء الذي بات يمشي مكان الدم في العروق، والنبل المصلوب والشرف الكسيح وجاهلية العقول ومارائون الاستسلام وأشباح الرجولة والأنوثة، وجثامين الفكر وبقايا المعلقات وقبو الصناديق والألبومات والذكريات..

فتلك لا أدري حقيقة أي متحف يليق بها. ولا أدري حقاً إن كانت كل متاحف العالم يمكن أن تكفيها!

الكَلِمة

التي هي من أربعة حروف.. ورصيدها كل الحروف.. أساسٌ في كل اللغات.. وعماد لكل اللهجات.. منها عظيم قيم انتقل عبر التاريخ لأجيال وأجيال.. ومنها صيغت الحِكَم والأمثال؛ فعكست تجارب الشعوب والأعراق والفلاسفة والأبطال.. إذا خرجت صعُبَ استردادها.. وإذا جرحت استعصى الشفاء.

الكلمة مرآة العقيدة في القلوب..

ولهذا كان لها دائماً عظيم الأثر والتأثير.. فكم من بيوت انهدمت من أجل كلمة! وكم من علاقات دامت سنين وانتهت بسيف كلمة! وقد حدثنا التاريخ عن حروبٍ قامت أعواماً طويلة من أجل كلمة

فالكلام فن.. يُبنى على أساسات تتمثل في حسن اختيار الألفاظ وإحداثياتها واختيار الوقت المناسب للمقاطعة أو عدمها، وهذا التفصيل يتعلق حكماً بمنسوب الذوق الرفيع..

كما أن فهم الفارق بين الجدل والنقاش مهم جداً وهذا باب واسع.. وآخر الأساسات وأهمها هو فن الاستماع.. والحوار أيضاً فن.. يتنوع ويختلف باختلاف الأطراف المتحاورة وموضوع الحوار.

أول هذه الحوارات ما يسمى بحوار التنس.. كلعبة التنس.. وحوار التنس هذا حوار راق بطبيعته.. أخذ ورد بصورة عادلة.. لا أحد يتعدى فيه على مساحة الآخر.. والشبكة في المنتصف كفيلة بحفظ الخصوصيات والمسافات.. لا فاولات في هذا الحوار ولا أنانية في الاستحواذ على الكرة.. ولا على الكلمات.. فالعدالة هي سمة هذا الحوار الراقي.. فكرة بفكرة.. هدف بهدف.. الكرة في ملعبي ثم في ملعبك.. وحوار التنس هذا من أرقى أنواع الحوارات يعتمد على الموضوعية والحرفية دون شخصنة مع التزام كامل بحجم الوقت وحجم المساحات..

الحوار الآخر هو حوار البينغ بونغ وهو أيضاً حوار راق يعتمد على اقتسام الوقت والمساحة لكنه يتسم بالسرعة.. أي أنه يليق بالأعمال والمقابلات السريعة التي يراد من ورائها اتخاذ القرارات.

الحوار الثالث هو حوار الغولف كما هو الحال بين أستاذ وطالب.. بين من يحترف الخبرة ومن يبحث عنها.. تُرمى الكرة كما في لعبة الغولف.. وتسير أنت مع الشخص المراد اكتساب خبرته لحين الوصول إلى مكمن الكرة.. أي أنه لا تكافؤ في الوقت ولا في المساحة لأن المراد هو اكتساب الخبرة وهنا يبرز فن الاستماع.

ومنتهى الخطورة بحسب علماء الحديث والحوارات أن يتم تحويل حوار التنس فجأة إلى حوار غولف.. أي أن يبدأ شخص بالتنظير والمحاضرة على شخص آخر بنفس مستوى الاطلاع دون وجه حق.

أما الحوار الأخطر والأشهر في مجتمعاتنا فهو حوار كرة السلة.. وهو فن الاستحواذ على الكرة.. أي على الحديث.. دون عدالة في توزيع الوقت ولا المساحة.. هو السيطرة على كل الحديث بكل الأشكال وبعضها دون أية مراعاة لوجود الباقين.

أما أرق أنواع الحوارات على الإطلاق فهو ما يسمى بحوار كرة القدم، أي أن يكون لكل فرد بصمة في الحوار وإن كثر عدد المحاورين، تماماً كما في كرة القدم، فلا بد أن يشارك الجميع ولو بهجمة مرتدة.. فالكل يشترك هنا من أجل تحقيق الهدف والخبير في هذا المقام يمرر الكرة للجميع وحتى الصغار ولو بسؤال حتى يشترك الكل دون استثناء.

الحوار فن.. والكلمة مفتاح القلوب..

فلنختار لعبتنا.. ولننتقي حواراتنا..

علنا نرتقي في الحوار..

ونبتعد ما استطعنا عن الحوار!

صَلاة

سيأتي علينا ذلك اليوم الذي تُجبرنا فيه الحياة على ترك أولادنا.. ليبقوا بعهدتها.. ليسيروا في أزقتها.. فإذا كانوا مدركين حينها بأن الله موجود في قلوبهم.. وبأن العبادة لا تكون محصورة تحت قبب المساجد وبين جدران الكنائس.. نكون قد أدينا الرسالة.. نكون ما ضيعنا عمرنا هدراً.. ولنا كل الحق في أن نمضي مطمأنين.

الوَرَق يَحتضِر

تُغلق الجرائد العريقة نسخها الورقية وتكتفي بالإلكترونية؛ فأكتب أنا هذا النص.

الورق يحتضر!

يحتار الورق في أمره!

يقف على مفترق طرق حياته متسائلاً: "ترى هل يبقى أبيضاً ملائكياً أم يعود للونه الأخضر السندسي؟! هل يبقى سياسياً واقتصادياً ورياضياً؟! أم يعود كما كان ربيعياً وخريفياً وصيفياً؟ هل يبقى غذاءً لعقولنا أم يعود فخوراً ليغذي أرواحنا؟! هل يتنازل عن دموع العشاق المنهمرة بين صفحات الكتب والروايات، ويكتفي بدموع العشاق المنهمرة تحت ظلال الأشجار؟ هل يستغني عن رحلاته المكوكية لإيصال اعترافات الهوى ورسائل الغرام، ويكتفي بحسرته حين يسمعها خِلسة متربعاً على عرشه، على أغصان أمه وبين جدران بيته الحنون؟

هل يستمر في مسيرته بشكل صفحاتٍ بيضاء دافئة تفتح صدرها لأرقام الطلاب ومعادلاتهم، لأفكارهم ومشاريعهم؛ فتبقى حروفهم حية في أدراجهم طوال سنينهم. أم يُخلي الساحة لشاشات زجاجية باردة كالصقيع قد تفقد كل ذاكرتها بكبسة زر خاطئة، أو قد تموت بكبسة أخرى؟

هل سيكتفي بدورٍ ثانوي في التستر على فرحة هنا وفرحة هناك مغلفاً لعلب مخملية تكتنز هدايا قيمة ولا قيمة يتبادلها الأحبة في أعيادهم؟ هل سيقبل بتوقيع ورقة طلاقه مع الحبر ويقدم طلب لجوء لا منتهي المدة إلى الطبيعة الأبقى؟ وهل

سيقدم استقالته من كل المطابع ودور النشر ليمارس هواية التأرجح على الأغصان كما شاء له الزمان؟ بين نور الشمس وغيمات المطر؟

هل سيكتفي بهذا القدر من الغربة ليعود من جديد إلى وطنه الأم؟ فتفتح الأشجار ذراعيها وتغرد العصافير.."

يحتار الورق في أمره.. وأحتار أنا معه.. ترى هل سيُحكم له بالبراءة بعد أن قضى سنوات عمره سجيناً بين الأخبار واللا أخبار؟

ترى هل هو سعيد أم حزين؟

قل لي يا عزيزي الورق.. يا من احتملت حماقاتنا وفظاعاتنا، إخفاقاتنا وخربشاتنا، وأيضاً نجاحاتنا على مر السنين.

تراك فعلاً تحتضر؟

أم إنك تولد من جديد؟

جاهة

تشعَّبت الطرق الموصِلة نحو الضحالة، وتطورت الجسور المؤدية إلى الإسفاف، حتى باتت ولادة أي فكر مضيء ولادة غير شرعية وبحجم جريمةٍ نكراء.

الفكر، بأي عمق وبأي صِيغة، أصبح منبوذاً.. غريباً.. كسيحاً.. كعجوزٍ أعمى يتلمس طريقه في جنح الظلام ودون عكاز؛ فيهوي متعثراً بظله إلى الدرك الأسفل من القاع.. دون حتى أن يفتقد وجوده أحد.. أو أن يستشعر غيابه أحد.. وكذلك هو حال الخير!

كيف غادرنا كل ذاك الجمال إلى غير رجعة حاملاً معه حقائبه المزخرفة ومتاعه المطرز دون وداعٍ أو عناق، ودون حتى أن يترك لنا أي عنوان عسى أن نتواصل.. عسى أن نتراسل.. نتحاور.. نهتدي، أو حتى نقول كلمة "اشتقنا"!

كيف غادر كل ذاك الجمال – الذي كان – صوامعه المحفورة في وجداننا، تاركاً مقاعده على ضِفاف أرواحنا موحشة، باردة دون أن ننتبه..

فانزلقَت البشاعة بكامل أناقتها وسلطانها وهيلمانها كحيةٍ رقطاء كاملة السم لتجلس مكانه خِلسة في غفلة منا ومن كتبنا السماوية ومن أدعيتنا ومن صلواتنا ومن كامل مقدساتنا!

أي ألفة مع البشاعة تلك التي نعيش؟! كيف تغلغلت بين ماضينا وبيننا! بين عروقنا ومسامات جلدنا! بين حناجرنا وكلماتنا! كيف صادفناها فصادقناها ووقعنا

في غرامها صبابة، ورمينا كل أسرارنا وآمالنا وأهازيجنا القديمة في بئرها الأسود المرصعة جدرانه بالنهايات؟!

رميناها طائعين صاغرين مستسلمين، بل إننا كنا مبتهجين.. نغني ونرقص على جثث كل ما كان، وعالوحدة ونص!

نخاف هشاشة عظامنا وهشاشة أخلاقنا تنذر بالجحيم.. ترعبنا تجاعيد وجوهنا وطيات ذنوبنا قد يختبئ تحتها فيل.

مَن مثلنا بحاجة لجاهةٍ بحجم الكون لتصالحنا على ما قد كان وتنتقم من ذلك العهر الذي يمد لنا لسانه كل صباح ليقول بأنه ما عاد منبوذاً كما كان.. بل هو مألوف اليوم تحت مسميات كثيرة.. ولا يعرف حقيقة جلدته إلا قليلون.

مَن مثلنا بحاجة إلى سلم جينات جديد وقنطار نبل وإنزيمات فرح.

القسم الثالث

الزلزال

ذات زِلزال

ذات زِلزال..

تبعثَرَت الأرض.. وانتشرَ بنو وطني.. فأصبح للكون رغماً عنه ظهرٌ يستند عليه.

عندما بات الكل يبحث عن وطنٍ بديل.. يبحثون وشعورهم بالذنب يسبقهم.. فيقتلهم. كراهب يصنع الخمر في قبو دير..

كقنطار رعب يتكىء على ذرة أمان.. كقلبٍ ينبض مع أنه نسي الخفقان.. وبعد! هذا حصل على بطاقةٍ خضراء.. وذاك على أخرى زرقاء..

وتلك سجدت بدون سجادة صلاة لما حلفت اليمين واستلمت جوازاً فاخراً..

جواز فاخر!

تشيرز!

لا أعقاب سجائر تُرمى على الأرض بعد اليوم.. ولا كسر لإشارات المرور.. سيقف الجميع في الصف مؤدباً مهما كان طويلاً.. وستوضع القمامة في أماكنها المخصصة وبحسب سياسة التدوير.

سيُطبق كتيب الديمقراطية المرفق بالجواز الفاخر بحذافيره، وستُترك للأولاد كل الحرية لاختيار أطباقهم المفضلة.

وأخيراً وليس آخراً على سلم الكرامات.. ستتصل السفارة للاطمئنان على حياة رعاياها من حملة الجواز الفاخر في حال حدوث خطر أو ثورة وأزمات.. نعم ستتصل!

ورغم كل الكرامات.. ورغم كل النعم والرفاهيات وسياسة التدوير والرباعيات.. تغني فيروز وطني.. وتقول داليدا حلوة يا بلدي.. فيبتل الجواز الفاخر.. وتختلط العلامات الفارقة بالاسم بالختم العظيم بمكان الولادة بالبصمات، وتبقى الأرواح مبتورة تدندن النغمات..

طوبى لأرواح منهكة عارية تكشفها أوطاها وتغطيها فخامة الجوازات!

عتمة

نحنُ الذين بِتنا نخاف الاحتفال بالضوء حتى لا نجرح العتمة..

العنوان في الظاهر لقاء جميل.. وسهرة فرح للمحبين.. وفي الواقع هو نزف للأنين على أرجوحة الحنين.

وَيْل لنا من أوطان ابتعدنا عنها مسافة سبع سنين.. وَيْل لأوطاننا التي باتت بلا روح.. بلا نخاع.. وبلا جبين.. بلا شآم.. بلا عراق.. بلا فلسطين.

وَيْل لنا نحن الذين تنساب أوطاننا من مآقينا على طاولة عشاء.. أوطان غادرناها فأبت إلا البقاء.. أبت إلا أن تطرز ليالينا بالشقاء.. شآم وعراق وفلسطين.

وتصدح الأغاني على جمر الحنين.. لتذكرنا بأننا مهما توغلنا في ممارسة طقوس الحياة لسنا إلا... جثث مغتربين.

مغتربين نجمع شتاتنا في حلقة دبكة ونصرخ بأعلى أصواتنا يا فلسطين!

مغتربين ترتجف الأرض تحت أقدامنا ونحن ندندن الشآم لحناً محفوراً على بوابات الشرايين.. ومعطراً بالياسمين.

مغتربون كلما أنشد المنشد «بغداد مولدي عرسي وكفني» قلنا يا حلبَ وصرنا أول الباكين.. لم يتسن لنا الوقوف على رؤوس أوطاننا؛ فجلسنا عند كعوبها متسولين.. جلسنا عند كعوبها نغسل أقدامها بأرواحنا.. بلحنٍ وأغنية ونكهة ورائحة.. ورَقصة.. ودون أن يندى لنا جبين.

رقصنا؟ نعَم رقصنا.. وعلَت أصواتنا بأغاني النصر رغم كوننا مهزومين.. وامتد الوجع جسر عذاباتٍ بين عيني وعينها وكل عيون الراقصين الحاضرين الغائبين.

هكذا علّمتنا السنين..

علمتنا أنْ نرتدي أحلامنا المهترئة بكل أناقة وأن نزهو بها مرغمين...

علمتنا أنْ نقيم احتفالاتنا الراقية على شرف ثقوب أحلامنا السوداء البعيدة ونشرب نخبها بكؤوس المنتشين..

كم هي عظيمة أوطاننا! وكم نحن صغار! وكم كان رقصنا مشين!

مشهد

سيبقى هذا المنظر يعصف بروحي ما حييت..

منظر السيدة التي تقف على شرفتها وغطاء صلاة الفجر لا يزال تاجاً على رأسها.. تتفقد بيد عريشة ياسميناتها وأصص فُللها والغاردينيا. وتسبّح باليد الأخرى اسم الرحمن على رؤوس حبات مسبحتها التي ورثتها عن أمها.. بينما تدندن شفاهها بشلالات دعاء من روحها تسكبها فوق أسماء غواليها.

كل هذا وفنجان قهوتها قابع فوق صينية فضية، يكاد يفقد صبره منتظراً الرشفة الأولى، ينتابه شعور بالرعب من أن يغشى عليه صريعاً برائحة ماء الزهر المنبعثة من الكأس القريب..

يا إلهي..

كيف تدللون شرفاتكم بدون عرائش الياسمين!

أنا والعِراقية!

وقَعَت عيني على بروش عريق يعلو كتفها الأيسر يشبه نخل بغداد.. والتقط قلبي لَكنة عراقية يعشقها ولا يخطئها وإن كانت متنكرة تحت أقواس وقبب حروف اللغة الانكليزية..

أما حزن العينين الدفين فكان المؤشر الأخير الذي ختم لي بأنها حفيدة بابليّة من العراق الحبيب.

اقتربت! كحل عيني يشبه كحل عينها.. كحلٌ محتال يخادع الناظر فيحوّل حزن الأوطان إلى سحر جميل..

انتثرت الكلمات بيننا كالجُمان.. والتحمت الزفرات والعبرات لترسم الصورة الأجمل.

دمشقُ مع بغداد..

حلب مع الموصل..

نزار مع بلقيس..

بردى مع الفرات..

أصابع اللوز مع المن والسلوى..

إضافة إلى ذلك الحائط البعيد الذي يتصدر غرفة الطعام في منزل الأهل الحبيب، والذي يكتنز بصحون زرقاء خزفية تحكي قصصاً من أوغاريت وأساطير من سومر.

أنا وهي، والمكان ممتلىء إلا أننا وحيدتين.. وحيدتين مع مدننا..

مدننا التي عاشرت الحضارة.. وفكت جدائلها.. وتذوقت نشوتها.

مدننا التي غزلت قصائد الحب وعلّقتها على عرائش الياسمين وفوق سعف النخيل.. مدننا التي صنعت قرقعات مطابخها سيمفونيات بيتهوفينية بنكهات خالدة أدهشت الدنيا.. مدننا التي كانت تتنفس الحياة فاختنقت في غفلة منا وأصبحت تتنفس الموت.. اعتلتها الرايات السود المشؤومة فغدت وكأنها في حداد طويل...

دفنوا كحلها.. وكسروا مشطها.. وخنقوا عطرها.. وحنثوا بعهدها... مدننا التي مات كل عشاقها فهربت إلى أحضان اللصوص.. وأصبحت مدناً بلا حرية.. استأصلوا رئتيها.. وعلقوا مشانق الجمال والخير على أبوابها... مدننا التي كانت مدننا وستبقى.

انتابت القشعريرة أجسادنا رغم دفئ أيلول، وتسلل الفرات من عيني إلى عينيها.. وسجد الدمع في مآقينا..

وغنت فيروز بلا صوت كل أغانينا.

وبقي السؤال يرفرف بين قلبينا..

ترى هي العَراقة من العِراق أم هو العراق من العراقة؟

ترى هو الحُسن من الشّآم أم هو الشّآم من الحسن؟

أمَل

في إحدى الفعاليات الخيرية قررت تحضير طبق الفريكة الشرقي.. أباهي ما أنا حييت بأطباقنا، وأدخل حاملة طبقي بكل زهو وكأنه تاج على رأسي، وكأنني أحمل تاريخي أنا، وحاضرنا سوية، ومستقبلهم هم!

ولأنه لا بد من تحضير نبذة عن الطبق ومنشئه ومما يتكون، ووضع المعلومات في كتيب بجانب الطبق لأسباب طبية وصحية، بحثت أنا ولأول مرة ورغم محبتنا وعشرتنا الطويلة أنا وهي – أي الفريكة – عن تاريخ الفريكة وأصلها.

وإذ بي أكتشف بأن الفريكة هي سنابل القمح الخضراء تُحصد قبل جفافها ثم تتعرض للحرارة العالية...

وأصابني الفضول مغمس بالاحترام بأنه كيف اكتشفوا بأن تلك الحبة الخضراء إذا ما احترقت وبها رمق من حياة سيصبح لها طعمٌ مميزٌ لا مثيل له، يقدَّمُ للملوك وللرعية على السواء؟

ترى هل طعم الحياة الذي بقي مختبئاً فيها، شامخ رغم الحريق، هو ما يميزها؟ هل إن نفسها تراودها – حبة الفريكة – أثناء الحريق بأنها ستعود يوماً إلى الحياة حتى وإن لسعتها النار؟

هل تؤمن حبة الفريكة بأنها حية ولن تموت رغم أنف النار، وستعود إلى الحياة غداً عندما تفترش المناسف وتتغطى بوابل من فستق ولوز وصنوبر وتتغنج على الموائد؟

وهنا أدركت بأن طعم الأمل هو حتماً ما يميزها! نعم هو الأمل!

هو بقية الحياة الموجودة في حبة الفريكة، والتي ستجعلها تولد من جديد....

حبة الفريكة ليست إلا حبة حياة.. ليست إلا حبة أمل..

حقيقةً إن للنار مفعول السحر! فهي ما لسعت بشراً أو حجراً، روحاً أو مكاناً إلا وأخرجت أثمن وأغلى ما فيه...

كتبتُ على قصاصة صغيرة بجانب طبقي الملكي المدلل: "طبق أمل".. وأوردت ملاحظة في الأسفل: "الطبق يمكن أكله ويمكن تموينه".

نعم نحن شعب قادر على تموين الأمل وأخذه معنا أينما حللنا!

هامش: سلام عليك يا بلادي.

عروض

تتوالى العروض السياحية القيّمة الأقدس على مدى عمري الذي عشت بأنْ انزلي إلى حلب. الكل ينزل..

أنتِ التي اشتقت وكتبت وعبرت؛ فرسمت الوطن بحروفك وأسعدت كل قلوبنا.. يحق لك أن تنزلي.. آن لك أن تنزلي.. سأرافقك.. سنرافقك.. متى ستنزلين؟!

أنزل؟! أنزل إلى حلب؟!

أولاً: هو صعودٌ وليس نزول؛ فباستجابتي لتلك العروض، وبسفري المرجو، ستطوي روحي كل الصفحات المهترئة وستعلو شاهقة مغردة.. سأتوقف عن تجويد الصبر، وستتعافى عافيتي، وقد لا يحتمل عقلي قيراط الفرح الذي سيكون فأعود كما كنت شلال نساء.

ثانياً: أنا أخجل من سنيني البعيدة.. أخجل من غيابي..

وأخاف أن تصبح كل بطولاتي التي أفتخر بها هامش انتصار بجانب بطولاتهم... هم الأبطال الحقيقيون، الذين استمروا رغم صمت الحياة الكريه وتعطل كل محركاتها.. هم الذين وصلوا عتبة الموت فغسلوها حتى البريق وعادوا أدراجهم.. هم الذين هزموا الصمت المقيت الذي هرب مذعوراً، خائفاً من ضجيج أصوات صلابتهم وهدير محركات إرادتهم.. هم الذين كنسوا في المساء حطام القذائف صبراً وقهراً،

وفي الصباح وضعوا إبريق الشاي المعدم على نار باردة مترددة من أجل البداية مع صباح جديد.

ماذا سأقول لخديجة عندما تحدثني عن ابنها الطبيب الذي بات بساقٍ واحدة ولا زالت تهرول إلى البيت ضاحكة وتسجد حامدة شاكرة كلما حصَّلت له ثمن الدواء؟ ماذا سأقول لحليمة التي بات بيتها بدون سقف بعد أن تقوس ظهرها وهي تبنيه حجراً حجراً، وأذكر تماماً أنها حدثتني يوماً بأن شتاء كاملاً مر بين اكتمال بناء نافذتين، ومع كل هذا الشقاء لا زالت تحضر لي بيديها الطاهرتين وفي كل موسم أرض الزيتون الأشهى بشرائح الليمون الذي أحب، وتخبئه في خزائن مطبخ بيت أهلي في زاوية بعيدة علني آتي يوماً وأتذوقه؟

ماذا سأقول لصالح الذي لم يزل يقلِّمَ حشائش الجنائن بعين واحدة وهو يغني ربة الوجه الصبوح، يفرح إذا كان طعام أهل البيت الشواء ويملأ مزهريات البيوت بالورود والياسمين؟ أين أنا من كل هذا؟!

وكيف سأحتفظ ببعض ماء الوجه؟ هل أقول لهم بأنني جئت للعلاج الروحي؟ أو لتلقي دورة تدريبية؟! أم أقول الحقيقة بأنني جئت لأفهم حتماً الدرس الأقدس والأعمق في الوجود..

جئت لأرى بعيني كيف ينبت فرع أخضر من قلب الصخر العطش، بينما وفي مكان آخر يموت الأوركيد مع كل العنايات في أرق الصالونات...

وكيف يصفّون الأحجار القديمة بجانب بعضها البعض حجراً حجراً ليتعرف كل على جثث أحجاره، ثم يعطونها أرقاماً من أجل بناء غض بشهادة ميلاد جديدة وبكامل الشخابيط العتيقة.

أنحني لكل النبل في عروقكم جميعاً! أما ثالثاً وهو الأهم: فأنا لا أخاف وحشة الطريق ولا كل المرتزقة والقناصين.. وسأقف في حماة وحمص وسراقب كما اعتدت الطريق.. إلا أنني أخاف من باب غرفة أخي...

أخاف من مرسمهِ الحزين، ومن أنين مجلات البناء المكدسة التي لطالما أحضرتها له...

أخاف من صدى الضحكات وعتيق الكلمات وصدأ الآمال المدفونة تحت عتبة الباب.

سلام

مَن يستحق جائزة نوبل للسلام؟

هل تسمحون لي بدقيقتين مِن وقتكم لأطرح ترشيحاتي المتواضعة لجائزة نوبل للسلام؟!

كل شاب نام على وسادة أحلامه الكبيرة، واستيقظ بين فكّي الظلم والظلام، ثم اختار أن يسلِّم روحه بدل تسليم كرامته.. يستحق نوبل للسلام.

كل أم شهيدٍ تبحث عن قبر ابنها ولا تجده.. تطبق ضلوعها على أنفاسها كلما مرّت من أمام غرفته الموحِشة الباردة...

وتجري في شرايينها دموع بدل الدماء كلما جاء موسم الكرز وقد كان شهيدها يحب الكرز...

تعِبَت من حمل باقة الورود الكبيرة، وتحلم أن يرن هاتفها يوماً ليشرحوا لها خارطة طريق قبر بعيد فتركض حافيةً لتُنزِل عن كاهلها ثقل باقة الورود..

تستحق نوبل للسلام.

كل امرأةٍ حملت عمرها في حقيبة سفر.. وبدأت عمراً آخر جديد.. بلا عمرٍ وبلا جديدٍ.

هناك في ذلك المكان البعيد.. اهترأت روحها.. فأعادت إنتاجها وتدويرها.. ووقفت مرةً أخرى ملوحة لأولادِها بكفٍ لا يشبه كفها.. وبقلبٍ لا يمَل الدعاء.. تستحق نوبل للسلام.

كل أبٍ يلملم ركامه كل يوم.. يمارس أعماله كلها ويجيب على جميع هواتفه، متفنناً في ابتكار طرق جديدة لوأد قهره.. فإذا حل المساء لملمت سجادة صلاته دموعه المحترقة وسط دعاء الرحمة الطويل لشهيده الذي غادر دون وداع.. يستحق نوبل للسلام.

كل رجل رسم خارطة أحلامه في وطن حبيب، ومزقوها أمام عينيه قطعةً قطعةً.. وأبعدوه قسراً وقهراً وعمداً.. فاعتمد سياسة التطبيع مع الأحزان.. رفع قامته عالياً.. وبدأ من جديد... بوطنٍ لا زال يسكن وجدانه، لكنه بات بعيداً كنجمٍ، قريباً كالوريد! يستحق نوبل للسلام.

وكل طفلٍ نام وقرقرة معدته الجائعة تثرثر فوق سيمفونية أحلامه الغضة.. يستحق نوبل للسلام.

وكل عائلة باتت تحلم بمائدة عشاء تضم الجميع يوماً ما.. وإن كان هذا العشاء هو العشاء الأخير.. تستحق نوبل للسلام.

هل اكتفيتم؟!

هل عرفتم؟!

أم أعود مرة أخرى وأكرر ترشيحاتي المتواضعة لجائزة نوبل للسلام؟!

أوطان

أسوأ أنواع البلاد تلك التي تحبها من طرفٍ واحد..

البلاد التي تعتبرك رقماً وطنياً في هوية..

وعدداً على شاشة عداد المغتربين..

وسهماً قد يزيد أو ينقص من حجم الحوالات السنوية..

هي لا تعرف عنك حقيقة أي قهوة تحب..

وأي كتاب تقرأ!

أي طعام تأكل؟ وكيف وأين تنام!

كيف تتدبر أيامك بلا عمرك المكتوب صدفة على هويتها..

هي بلاد لا تعرف ميلادك ولا حتى اسمك!

في الوقت الذي تعصبها فيه أنت على عينيك بقوة..

فترى كل المدائن عبر أنوارها..

وتستنشق كل الروائح عبر هوائها..

وتتذوق كل النكهات عبر لسانها..

وتمسح بعينيك كل ليلة قهرٍ السرو الممتد طوال الطريق الموحش.

ما عاد موال العتاب نافعاً ولا حتى الحزن..

بعد أن أكَل التعب ما أكَل، وأطعم بقايا القلوب لقطط الشوارع..

الوطن فرصة تمنحها السماء لمرة واحدة فقط!

كوبُ شايْ

أصبحَ حلمي كوب شاي!

أصنعه هناك في مطبخ البيت البعيد القريب..

أتَّبع الطريقة السحرية التي علمتني..

الطريقة التي لا زالت تسكنني في صنع كل أكواب الشاي..

ثم أبحث عن كوبك المفضل..

عن فنجانك الخزفي الرقيق.

أرتب الحلوى التي تحب على الطرف..

وأتأكد من أن كل ملاعق الشاي تتجه نحو بوصلة قلبي..

أتقدم فخورة بسرفيسي الذي يليق بالقصور..

الذي يليق بالملوك.. يا من اختصرت الملوك.

فأسمع منك التعليق الأغلى:

«ما أجمل طعم كوب الشاي من يديك يا ابنتي!»

يامن علمتني كل الفروق..

وزرعت في عمري براعم الصبر ليستمر الوجود..

يا مَن علمتني معنى الوقوف ثم الوقوف ثم الوقوف..

يا مَن أدميتَ عيني بعينيك الصابرتين المؤمنتين.

عندما فقدتَ فاحتسبتُ..

عندما خجلت منك الشكوى، فأحنت رأسها وارتحلت.

يا مَن أطفأت كلماتك براكيني وأسكنت دعواتك زلازلي وصواعقي على مدى العمر..

يا والدي الحبيب..

قل لي يا مَن كان طوال عمره منبع كل الردود..

ومصدر كل الإجابات والوعود..

قل لي بربك..

متى سيتوقف سرطان الغربة عن نهش أيامي؟

متى سيتحقق حلمي؟

متى سأصنع لك كوب الشاي؟

ألبوم صور

نهارٌ بلا مساء..

موتٌ بلا عزاء..

قهرٌ بربطة عنق..

يسجل مواعيداً للبراءة على دفاتر الملائكة.

تلوثت القذارة..

لاح الشرف في بيوت الدعارة..

بات العري ناسكاً في الأديرة..

تاب الخمر في الكؤوس..

وصلَّى قبل الرشفة الأخيرة..

قبل الرعشة الأخيرة..

قبل الشهيق الأخير..

ولا زالوا يبحثون عن المزيد من الصور..

لا زالوا يبدعون في ابتكار أبشع الصور..

ليملؤوا بها ألبوم الصور..

متى سيكتمل ألبوم الصور؟

متى يا الله سيكتمل ألبوم الصور؟

ويا ويلكم!

يا ويلكم يوم يَفتح التاريخ ألبوم الصور.

الفلسطينيون

الفلسطينيون شعب حقيقي..

أتى من أرضٍ مقدَّسة شهدت مولد الأديان السماوية.. وكانت مهداً للحضارات الإنسانية.. وتميزت لكونها مسقط رأس الأنبياء.

شعبٌ فريدٌ يحمل في جيناته عوامل النجاح من ذكاءٍ وتصميمٍ وإرادة. وتقوم قائمته على العز والإباء والشموخ.

ويبدو أن اجتماع كل تلك الصفات الجينية على سلم (DNA) واحد بدا مقلقاً، أو مخيفاً؛ ولهذا اتُّخِذ القرار بتشتيتهم وتقسيمهم، حتى تتضاءل مركزيتهم وتتناثر قوتهم.. فيصبح حلمهم بالعودة ينافس حلمهم بالنجاح أو بالبقاء.

تخيلوا معي لو أن كل مراكز القوى الفلسطينية التي أثبتت نجاحاتها في مختلف أصقاع الأرض بقيت في أرضها وبثت إشعاعات وترددات قوتها من مركزها، مِن تلك الأرض الصغيرة الكبيرة.. مِن فلسطين!

تزامناً مع احتواء تلك الأراضي على ما تحتويه من رموز دينية مقدسة.. هل لكم أن تتخيلوا أي مكانة عالمية كان من الممكن أن تكون عليها فلسطين اليوم؟

تشتت هذا الشعب فحمل مع شتاته قصصاً مُشرفة من النجاحات والتميز والتصميم.. ووزعها في كل أنحاء العالم؛ فزرع قصةً هنا وقصة هناك.

ولو قُدّر لكل تلك القصص أن تؤلف كتاباً واحداً.. لكان كتاب أبجدية النجاح،

أو فلسفة البقاء بلا منازع.

ماضيكم يشابه حاضرنا نحن السوريون وإن اختلفت المعطيات.. ويبدو لي أن

هذا هو قدر كل شعب عظيم!

والآن، وكلما وطأت قدمي أرضاً بعد أرضي ألتقي بهم.. تلتقطهم ذبذبات وجودي..

ويطيب لي قربهم.. حتى غدت الروح تأنس لمعشرهم.. وبات الفؤاد يسعد لصحبتهم.

أعتز بكل أصدقائي الفلسطينيين..

وأحب وجودهم في حياتي.

ظُلُمات

نعيش عصراً أسود من عصور الظلمات التي اشتهرت بها القرون الوسطى..
عصر بات فيه حب الدين والولاء له محصوراً تحت قبب المساجد فقط.. وبات
فيه حب الوطن والولاء له محصوراً خلال أشواط مباريات كرة القدم فقط.

مرتبةُ شرف

المنظومةُ الإنسانية كيانٌ كاملٌ لا يتجزأ.. وثبات المعايير الأخلاقية دليل عافيتها وصحتها، والأخلاقيات الضبابية المنتشرة في أيامنا هذه تعكس تشوهاً اجتماعياً، وتؤكد الابتعاد عن العقيدة الصحيحة لكافة الأديان، وعدم التوازن.

هذا طوفان يمتلئ قطرةً قطرةً ليُغرق يوماً ما كل ما يحيط به ويأتي على الأخضر واليابس...

الإنسانية دينٌ كامل الأركان ولا يمكن الإيمان بنصفه والكفر بالنصف الآخر؛ فمن يعارض قتل الأطفال سيبقى ثابتاً على موقفه مهما كانت انتماءات الأطفال، ومهما كانت أديانهم ومهما تنوعت مذاهبهم.. بعيداً عن مبدأ الكيلِ بألف مِكيال.. وعندما نصل إلى هذه المرحلة ويتغلب مؤشر الحس الإنساني العالي عندنا على كل ما عداه من المؤشرات الأخرى لموروثات متعددة تاريخية واجتماعية وطائفية.. عندها فقط سنستحق لقب كائن حي برتبة إنسان.

غيرة

تغارُ النساء من قرطٍ ماسي يختصر تاريخ المناجم.. من عقد لؤلؤ تاهيتي يحكي قصة البحار...

تغار النساء مِن حرف عشق منثور فوق طاولة عشاء تحتل الركن البعيد لقلبين..

تغار النساء من النساء منذ الأزل وحتى الأزل.. غيرة بطعم واحد ما اختلفت نكهته عبر العصور.. غيرة شيدت عروش وأسقطت عروش.. ولا زالت تحتكر العروش..

أما أنا.. فقصة غيرتي مختلفة.. ولا تشبه قصص غيرة النساء.

قصة غيرتي تشبهني.. وملامحها تختصر النساء! أنا أغار من النساء اللواتي لا تغار منهن النساء.. بل أغار من النساء اللواتي تشفق عليهن النساء...

أنا أغار من النساء اللواتي بقين هناك في الوطن. اللواتي ما استطعن الهروب من الوطن.. أغار من اللواتي يندبن حظهن العاثر الذي عرقل صدور تأشيرة تحلّق بهن بعيداً عن وجع الوطن.

هل سمعتم يوماً عن امرأة تغار من أخرى لأنها تمتلك وطنًا؟! هل سمعتم يوماً عن امرأة قد تحسد أطفال امرأةٍ أخرى لأنهم كبروا بين جدران بيوت أجدادهم ورددوا صدى أصوات أبائهم؟! تسللوا هناك بين الغرف وفتحوا صناديق الألعاب

العتيقة وقرؤوا رسائل العشق البعيد وكسروا الآنية الأثرية المتوارثة العريقة وأخفوا الزجاج سراً في تراب الحديقة.. ركضوا وتراكضوا ونثروا الذكريات أسئلة وإجابات على عتبات السهرات والصباحات...

هل سمعتم يوماً عن امرأة تغار من حكايات كتلك الحكايات؟

هل سمعتم يوماً عن امرأة تبدل كل موائد العالم بكل أنواعها وألوانها وعولمتها بمائدة بيضاء أنيقة صغيرة يستلقي عليها مفرش رسمت نقوشه يد مقدسة في مطبخ بعيد بعيد لا زالت رائحة طعامه عاشقة معشقة تحتل كل بوابات الحس ومداخلها؟

هل سمعتم يوماً عن امرأة تقايض كل جمال القارات وكل الأخضر واليخضور في بلاد الله الواسعات بعريشة ياسمين؟

عريشة ياسمين حزينة تذرف بياضها كل يوم على أرض حديقة بعيدة قريبة.. تحتل الروح ولا تغادر.

هل سمعتم يوماً عن امرأة قد تفاوض على أي شيء وعلى كل شيء من أجل الظفر بحضن دافئ أم بعيد أو بقبلة أب على الجبين؟

تُرى..

وبعد أن سمعتم قصة غيرتي..

هل باتت مشروعة؟

هل باتت حلالاً كما الذبح الحلال غيرة النساء من النساء؟

صباحُ بَيْروت

صباح بيروت مغمس ببنجورات كثيرة.. البلاد عابسة، مهمومة، تئن تعباً.. وكحل العيون أنيق يفترش المقاهي متلمساً طريقه عبر دخان النراجيل الفاخر، واثقاً ناضجاً غير آبهٍ بلحن الأنين الحزين.

البحرُ يرتجف برداً وغضباً.. والأجساد أرهقها تجميلها، تفترش الرمال الساحرة، طامعةً بدمغة أرجوانية غير آبهة بقشعريرة البحر الحزين.

الأسى، التهَم عيون حلو ليالي لبنان كلها، بكل قشطتها وفستقها.. فبدا منتعشاً مُتخماً شَبعاً.. ممدداً على أرصفتها بوقاحة، يتحسس كرشاً منتفخاً سقيماً.. وعيناه تتلفتان كوحشٍ كاسر، باحثةً عن فريسةٍ أخرى بجَوز وماء ورِدٍ وتين.

وَسط سكون الليل وهدير الموج سمعتُ طرقات خجولة على باب غرفتي، فتحتُ فوجدتها بهية جميلة كعادتها، بغمازتيها الحائرتين الغائرتين، وبكامل فُل وغاردينيا شرفاتها والياسمين.. مدت يديها واحتضنتني.. ومسحتْ نقاط عرق ندية أرهقت جبهتها وأرهقني.. وقالت: «عرفتك من أول خطوة».. من بريق عينيك الغالي تحت سمائي».

وفتحت ألبوم صورنا وشقيتُ.. متعبة أنت أيضاً كما أنا!

أعتذر منكِ أنا.. وأعتذر مني؛ فأعدائي لئامٌ كُثُر.. يتربصون لي تحت الأنفاق وفوق الأعناق.. بتُّ لا أعرفهم. يخرشون دانتيلي الراقي بأظافرهم المتوحشة المطلية.. لهم

أسماءٌ بكل النغمات وأنيابٍ وسكاكين. والحياة كما تعلمين مرهِقة بأعداء بلا وجوه ولا عناوين.

أحزنني كثيراً أنها بيروت مجروحة تئن. قدمت لها أصابع اللوز التي تعشق.. ورشرشتُ فوقي ماء زهرها.. جلست في حضنها والتقطنا الصور غير آبهتين.. ووضعناها في ألبومنا العريق.

تبادلنا كؤوس العتب والحنين.. قبلتها على جبينها وقبلتني..

وذاب جبل الجليد قطرات «هلا وغلا» نزلت على رؤوس المارين..

مسحوها فوجدوا على أكفهم طبعات لقلوبٍ مغلفة باللوز، مرشوش عليها ماء الزهر، مغروسة رغماً عن الجميع في نخاع التاريخ القديم.

بريق

قد نجد حلولاً لكل ما يسبب تأخرنا عن المجتمعات، ولمعظم ما يعزز وضعنا الصامت في ذيل معظم قوائم الحضارة والتقدم، إلا أن معضلة التلصص على حياة الآخرين والمقارنات الأزلية أجدها للأسف معضلة عميقة، متجذرة، متشعبة، مدعمة، وقد تتعبنا كثيراً في حلها...

لكن نظرياً أقول بأن المرء يخلق قيمته بنفسه، وتلك القيمة غالباً تكون مما يكون في قلبه ووجدانه، وليس في رصيد بنكه أو حتى علاقاته.

واللمعان الذي قد حبا فيه الله عزَّ وجلَّ بعض مخلوقاته هو نعمة، تماماً كما الذكاء أو ملامح الوجه الجميلة أو حتى العناد.

لا تحاولوا سرقة هذا اللمعان ونسخه وطبعه كما هو بمقارنتكم أنفسكم بالآخرين، بل ابحثوا عن لمعانكم أنتم.. هو مؤكد مختبئ في مكان ما تحت أطنان من المقارنات العبثية السطحية، وبين طيات التقليد الأعمى. أي لنكن أنفسنا!

البعض يمرون كل يوم على سجاجيد حمراء وتقدم لهم صوانٍ من ذهب وفضة، ومع هذا لا يحدثون فرقاً ويعجزون عن أن يصنعوا شيئاً. والبعض الآخر من زاوية بعيدة وبمعدات بسيطة قد يصنعون كل الفرق، ويلمعون!

لا تنظروا يميناً ويسرة بل انظروا داخلكم، حتى لا تضيعوا وتضيِّعوا لمعانكم الأصلي في ظلِّ الآخرين. والمشكلة برأيي ومع عظمتها لكنها لا ولن تتوقف هنا؛ لأنها

ستستمر حكماً في ذرياتكم، في أولادكم؛ لأنهم شربوا وأكلوا وهضموا هذا في بيوتكم،

تحت سقوفكم وبين جدرانكم.. ويوماً ما سيضيعون هم أيضاً في ظلِّ أحدهم.

وهذا مؤلم كثيراً.. مؤلم للنخاع.. علَّ ألمه يكون كفيلاً بإيقافنا.

فلا يمكن للحياة أن تعطي للبيوت الحقيقية وللبيوت المزيفة نفس النتيجة..

هذا غير ممكن، وضد طبيعة الأشياء وضد قانون الحياة...

لن يحوز الحقيقي أبداً على نفس درجات المزيف، لا دنيا ولا آخرة.

لا تنسوا هذا أثناء انشغالكم بالتلفت يمنة ويسرة

هامش: لا أزكي نفسي!

عيد الأب

كنت قد واعدت الابتعاد بفنجان قهوة، وبرهة من الزمن.. واعدته خلسة بعد أن نام الجميع، وهربت إليه بلا شالٍ بالرغم من الصقيع.. هربت تعباً.. ألماً.. ترفاً... لا أعلم! ولكني هربت.

وإذ بعيد الأب يطل معاتباً ابتعادي، موقفاً هروبي كحاجز (دَرَكٍ) جائع، يطل عليَّ بنسخ أبوية أصلية وأصيلة، مجوهرة عتيدة، وبوجوه كريمة، وشخوص نبيلة كللت حياتي وأيامي،

هاجمتني الكلمات وأين المفر منها؟ أين؟ الأب بصيغة الجبل الهش، الذي يعيش بدمعة حزن معلقة في عينيه حيث لا يحلل له البكاء، يحزن سرًّا لحزن أبنائه، ويجود بدعواته وخبراته جهراً، ينبت في قلوبهم ويمتد نحو أرواحهم مزهراً، ثم يعرش على ذاكرتهم مثمراً كشجرة مشمش أغصانها دانية، يقطفون منها كل يوم غصباً عن البعد كوصفة بقاء.

هُمْ كلُّهُ، كلُّهُ، كلُّهُ، ولا يبوح! فإذا ما ابتعدوا وهبَّتْ ريح محملة بوجوههم وكلماتهم يخشع الوجود تحت قدمي حنينه، ويخشى الكون رجفة خفقان قلبه! الأب برتبة قديس، تحصد الحياة روحه وقلبه بحصادة صيف عمياء، ولا يئن ولا يتأوه.. يتراخى عوده فقط عندما يشتد عودك أنت!

قد لا يتفق معك، وقد يباعدكما الحوار، وتتفاوت وجهات النظر كجبلين لا يلتقيان، إلا أنه الوحيد الذي يصفق لك رغم الاختلاف وتغرد روحه لفريقك..

يبقى عمراً لا يقول: "اشتقت لك"، ويكتفي غالباً بجمل مثل: "بينما أرتب أدراج مكتبي وجدت صورتك في الحديقة مع صحن الكرز".

وفجأة تدهشك الأيام بصوته مرتعداً وهو يقول: "اشتقت لك.. اشتقت لك.. اشتقت لك".. ثم يتدارك: "وجدت صورتك في الحديقة مع صحن الكرز"!

هو بروفسور بالاتكاء على نخاع جبروته، بينما صريخ عاطفته يغرق الدنيا كشلال.

الأب الذي إذا طُلِبَ منه نجمتين أتى وهو يحمل على ظهره السماء...

سلاماً أيها الآباء سلاماً! سلاماً وإن هدرت بكم الحياة وغدرت فاهترأت ظهوركم من شدة الاستعداد، سنبقى نحن نختال بكم كخنجر شركسي مرصَّع، وضعه الله على خاصرة عمرنا!

سلاماً أيها الآباء سلاماً! سلاماً عليكم وإن لم تكونوا أنبياء!

تفضلوا.. كبّة!

الحلبي والكبة ثنائي أبدي جميل تحيط به طقوس تاريخية متوارثة بدءاً من نوع البرغل ونوع اللحم المستعمل ولونه ومصدره، مروراً بالأواني والصواني والعدة والعتاد، وانتهاءً بتحديد يوم كامل على الروزنامة ليكون وبجدارة يوم الكبة العالمي، تشرق شمسه وتغيب مع حروف الكبة والكبة فقط بكل تفاصيلها وأشكالها وألوانها.

في بداية اغترابي الطوعي وقبل أن يصبح قسرياً أدهشتني أمور كثيرة.. أنا الغضة الطرية البريئة التي غادرت مقاطعتي الصغيرة الأجمل بكل لورداتها وبرنسيساتها إلى بلاد غريبة جديدة...

ومن جملة ما أدهشني هو أحاديث ترددت أمامي عن الطريقة في صناعة الكبة، حيث فوجئت بأنهم يصنعون ما يعرفونه من أنواع الكبة بعيار واحد وعجينة واحدة ثم يشكلونها بأشكال مختلفة ويضيفون اللبن أو المرق للبعض منها أيضاً، والسلام عليكم!

كيف يمكن لهذه الكبة أن تكون؟! وأنا التي حمَّلتني والدتي الكريمة ملكة الكبة خارطة طريق لأنواع الكبة وطرقها وخباياها وأسرارها وما يجوز وما لا يجوز، وما هو بجوز وما هو بلوز وما هو بين بين وقد تدمع من هيبته العين!

عدا عن الكثير من التعويذات الشفهية المتوارثة المنحوتة في وجداني والتي تعد بمثابة قوانين ملزمة دستورية يجب اتباعها وإلا غردت الكبة خارج السرب وكانت انحرافاً عن القداسة وخروجاً عن النص...

واليوم وبعد أن نضجت غربتي وبنظرة معولمة ومسح شامل وجدت أن كل المحاولات الفاشلة التي سولت لها نفسها اللعب بالمنظومة الفكرية التاريخية مادية كانت أو معنوية للكبة فشلت فشلاً ذريعاً وانهارت صريعة أمام هيبة الكبة وعظمتها وجلالة شأنها.. وخرجت الكبة من جميع المعارك منتصرة مرفوعة الرأس منتصبة القامة تمشي الهوينا ساحرة ساخرة وقد هزمت الأعداء.. كل الأعداء.

فخورة أنا بكبتنا التي حطمت أسوار الغزاة وبقيت شامخة كما هي...

مشوية ومقلية ونيئة ولبنية وصاجية وسماقية ومطجنة، وبكل جلالها...

بينما استطعنا نحن أن نغير على الرافيولي ونجعله شيشبرك.. ونطعن الكرواسان الباريسي في مقتل ونحشوه بالزيتون العفريني ودبس الفليفلة التخاريمي.

ونستبدل البلوبيري في التشيز كيك بالفستق الحلبي وورق الورد الجوري، وهذه كلها انتصارات!

وجود الكبة على المائدة، أو حتى في الثلاجة، يضفي على البيت كله جواً من الكبرياء والعزة...

وينتابنا شعور غريب بالاغتراب فوق اغترابنا يحذرنا من أننا قد نفقد جزءاً مهماً من هويتنا التائهة إذا مرت أيامنا لفترة طويلة بدون الحضور الآسر للكبة على موائدنا..

فلتعيش الكبة..

حرة أبية عزيزة في كل البلدان.. على أطراف المهجر..

وفي قلب الأوطان..

تعيش.. تعيش.. تعيش

حرة أبية عزيزة في كل البلدان.. على أطراف المهجر..

وفي قلب الأوطان..

أَطْلال

وقفتُ على أطلال كلماتي..

لأنسج منها قصة..

فوجدتُ أن كلماتي تحمل هوية..

هوية ككل هوية..

هوية من النوع الأول..

الذي يسمح له بدخول كل البلاد..

فتاريخ ميلاد كلماتي هو ذاته تاريخ ميلاد نزيف وطني..

وطولها طول شريان القهر الذي امتد بين عيني الشهيد وبين عيني قاتله..

فصيلة دمها مُغتَصبة تائهة بين البلدان..

ولونها لون الخبز المسموم المُلقى على موائد الاشتياق..

لا تميزها أية علامات فارقة سوى أنها وجع..

وجع حقيقي على شكل كلمات..

وجع طرزتُه بالحروف..

وقهراً جدلته بالياسمين ونثرته على كل الشرفات.

كيس زعتر

يُسافر كيس الزعتر كفارسٍ نبيل ممتطياً صهوة جواده مصحوباً بعلبة ملوكي دمشقي تصطف فيها حبات المشمش الفاخرة ملوحة بلون شمس المغيب في المشرق محشوة بفستق حلبي أرستقراطي الطبع برجوازي النكهة مصبوغ بلون الجنة...

يسافر دون تأشيرات دخول وأختام خروج، يخترق كل حواجز التفتيش في أعتى المطارات، مشفقاً على كل من لم يعرف طعمه مقترناً برشفة شاي مقدسة على مائدة فطور عريقة بعيدة قريبة شرشفها حُب وأطباقها حُب وأكوابها حُب؛ فيدرك حقيقة معنى البهجة في الحياة.

يصلني بائساً مُرهَقاً من طول الرحلة وعنائها، منهكاً من قسوتها، مستفِزاً لحنيني بصمته، أنهال عليه بأسئلة ملحدة بكل الغربة وبعضها، تبحث عن إجابات لسبع سنين عجاف.. فيبقى مصراً على صمته ولا يجيب!

أحمله وأبحث عن إناءٍ يليق به.. عن إناءٍ يليق بالوطن المختبئ بين ذراته.. أحدق فيه فأرى كل الصور، وأمد روحي على كل الشرفات والشبابيك.. وأوسع في تجاويف رئتي لأتنشق روائح الغار والبن والفل والياسمين.. ثم أتمتم بكلمات حافية القدمين..

ماذا كانت لتخسر الحياة لو منحتني حرية كيس الزعتر بجواز سفر دبلوماسي بطعم الزعتر فأسافر به ولا أعود؟

ماذا كانت لتخسر الحياة

لو جنبتني هذا اليوم الذي أعيش والذي بت أغار فيه من كيس زعتر؟!

مفاتيح

في بداية رحلة اغترابي كنت شلالاً ومرجاناً ولؤلؤاً مكنوناً، وكانت حلب عمودي الفقري وأدبي ومأدبتي وحديقتي الخلفية وعباءتي المقصبة وبوصلتي صيفاً وشتاءً.. كنت لا أغيب عنها أكثر من نصف سنة..

وكانت لي صديقة فلسطينية مقدسية، راقية مشبعة بالعزِّ، كانت الصديقة إذا ما جمعتنا ليالي السمر وصدحت أغنية: "أنا دمي فلسطيني"، تقف على رأس الدبكة شامخة وكأنها تستعد لمعركة، رأسها يكاد يزاحم غيم السماء، وتلوّحُ بكفها المستوحش المتخم ابتعاداً وقهراً بكل مفردات الحنين، وجسمها يعلو ويهبط على أنغام الأغنية وكأنها طوفان عزٍّ بُتِرتْ ساقه، أما السؤدد المتبقي من خبطة قدميها على الأرض فيكاد يكفي مجرة ثانية.

كنت أراقبها مذهولة، وأتحسس مدينتي فأجدها في عمودي الفقري، وأتأكد من حجزي ومن طائرتي فأجدها في موعدها وأحمد الله..

حتى إذا ما وضعت الأغنية أوزارها، وعادت هي إلى جانبي على الطاولة، انتحبت وهي تهمس لي قائلة: "مفاتيح كنيسة القيامة هيهم.. بدار سِتِّي، وإذا ما رجعت أنا وفتحتها، بيرجعوا أولادي".

واليوم وبعد عشرين عاماً، إذا ما جمعتنا ليالي السمر وصدحت أغنية: "شامنا فرجة"، أو الثانية الأقسى: "اسمك يا شهبا انكتب"، تلتفت الرؤوس إليّ وكأني أنا

عرابة الأغنية أو راعيتها، بعد أن فضح ستري الشوق وغلبني وغلَّبني، لينسكب العز على دراجي ودراج حلب، أتهادى بخطوات ثابتة مهتزة، راقية غجرية، ليرى الجميع كيف يكون رقص الطير مذبوحاً من الألم.

هم يستمعون إلى الأغنية ويراقبون خطواتي، وأنا أقترب في خيالي من المقدسية وأهمس لها:

"المفاتيح كلها في دار ستي، ومهما صدئت الأقفال، الأبواب لن تفتح مشرعة إلا لأهلها"...

صبحتك بالخير يا بلادي..
صبحتك بالخير يا مولاتي..
ما كل الحياة حياة..
ولا كل الموت زؤام!

أنا التي سأعرفها

قالوا لي: لو زرتِ حلب الآن لن تعرفيها!

لا لن تعرفيها!

لن أعرفها؟!

هل من الممكن أن لا أعرفها؟!

أي منطق هذا وأي خيال؟!

أنا التي سأعرفها!

وسأعرفها حتى الرمق الأخير...

وحتى الاحتراق الأخير..

وحتى آخر كومة حجر..

وحتى آخر شهقة قهر..

حتى بقايا الحجر المذعور.. سأعرفها..

حتى شظايا البلّور المكسور.. سأعرفها

وستميزها روحي..

وستلملمها روحي..

لتصنع منها مرآة لعمري..

لن أعرفها!

كيف لهم أن يتصوروا أنني لن أعرفها؟

أنا التي أفترش قبر ذاكرتي تحت أقدام براكينها..

أنا التي أقبع في ديرها كراهبة..

أنا التي عجزت كل أضواء الأوطان عن أن تنير غياهب روحي..

أنا التي خذلت أذرع كل الأوطان عندما امتدت طمعاً في احتضاني..

لن أعرفها!

أنا التي سأعرفها..

سأعرف آذارها ونيسانها وصباحها ومساءها

سأعرف صوتها ودمعها ورائحتها ولونها

هي بوصلتي ومتاهتي..

هي قبلتي ومحرابي..

تغيرت ملامحها قليلاً...؟

تغيرت ملامحها كثيراً...؟

لا بأس..

كلنا تغيرت ملامحنا..

وسأعرفها!

وإن سلمت جدلاً بأنني لن أعرفها..

ستعرفني هي..

ستصفعني هي..

وستضمني هي...!

آه.. ما أحلى أن تضمني هي!

حتى لو كنت جسداً بلا روح..

ما أحلى أن تضمني هي!

وحينها سيشهد التاريخ بأنني سافرت دون أن أغادر!

وبأنني عدت دون أن أسافر!